《中国秀·中国传统文化系列读本》

塔湖·書
TOWER LAKE BOOK

中国秀 102

金萍主编

中国传统文化系列读本

经史子集

乔苏 著

山西出版传媒集团 山西教育出版社

目　录

关于经史子集（代序）

传统文化的定义十分宽泛，不论是形诸文字的典籍，还是相沿成习的风俗，只要是流传既久的物事，都可以划归传统文化的畛域之中。单就典籍而言，唐诗、宋词、《史记》《离骚》《三字经》《百家姓》这类读来朗朗上口，情感丰沛鲜活的文学作品与蒙学读物，自是毋庸置言的传统文化之组成部分。此外，在具体的典籍之上，还存在着一个抽象的、架构性的知识体系，就好比房屋的钢筋结构一般，支撑着整个典籍大厦的有序分层与排列，这个知识体系，就是经史子集四部分类法。

经史子集四部分类法作为一种典籍分类方法，已经使用了一千六百多年。期间，虽然其他分类法层出不穷，但经史子集作为主流分类法的地位，从它产生的那一刻起，就没有再动摇过。它所承载的意识形态、价值观念，伴随着历朝历代每个读书人的一生。因此，蕴藏于典籍中的传统文化精神，在经史子集四部分类法中的体现，也是最为直接与鲜明的。

作为一个在文献专业浸淫稍久的人，对经史子集四个字，可谓熟到不能再熟，但是若要我来讲一讲它的前世今生，有的环节还真会卡壳。经史子集作为书籍分类法，其最高境界是“辨章学术、考镜源流”，若非对整个古代知识体系有深入的研究，是难以达到的。所以，对于这本讲经史子集的小书而言，作者能够做到的，就是原原本本的按照目录学的一般讲述方法，辅以自己的语言加以编写，这其中的不足之处，还请各位读者见谅。

经史子集作为书籍分类法，是针对产生于清代以前的书籍制定的。书籍，无论古今，承载的都是知识、见闻、经验与感受。对于古人的文字，由于时代变迁，现代人已颇觉陌生，除了四大名著还能在一些人的枕边案头出现，其他的书，大都远离了人们的视线，变成可有可无的存在。这样的情状，很让人痛心，毕竟，有很多才华横溢的人将毕生心血付诸于这些珍贵的典籍，但收获的，却是别人的不解。

抛却时代的因素，想想时间，从清末到现在也不过百年。百年后的我们，已经很难对先人的文字提起兴趣，这是为什么？原因之一是西方，特别是俄国的知识体系就在这段时间里雄纠纠气昂昂的占据了我们的头脑，传统的知识、语言风格、思维模式，发生了迅疾的变化，这一切都让文言文或者明清白话变得不可理解、不可接近，随即迅速失掉了它的读者，成为覆瓿之物。

须知，在两千年的时间里产生的这些知识、见闻、经验、感受，描绘的是一个立体而完整的社会，在这个社会里，不仅有令人头疼且难啃的大部头经书，也有实实在在的生活必备百科全书，有文人墨客或隽永或激昂的诗歌文章，更有针对社会弊端而提出的种种解决思路。这样一个世界，离开我们仅仅百年之久，但这个世界里的故事、心情、问题、思考，却并未与我们隔山隔水。不论是写景抒情的晚明小品文《西湖七月半》，还是顾炎武在《天下郡国利病书》中对祖国各地人文、地理鞭辟入里的分析，不论是李白“举头望明月，低头思故乡”的感怀，还是《左传》曹刿论战“一鼓作气，再而衰，三而竭”的作战方略，都构成了现在所谓中国传统文化的血肉，引导着关心社会的人们对现实的思考。就连饱受抨击的宋明理学，其在理论上构建起“人之所以为人”的观念与逻辑，也为中国思想史树立了一座高峰，成为现代道德教育可资取材的宝库。

“以铜为鉴，可以正衣冠；以史为鉴，可以知兴替；

以人为鉴，可以知得失”。大浪淘沙，经历了历史的淘洗仍能存留下来的典籍，并非全都是精华，其中的渣滓亦复不少，去粗取精，去伪存真，涉猎不同类型的书，便得到不同类型的知识与思考。而书籍分类法，正为我们提供了选择合适书籍的线索。

读完这本小书，相信你对中国古代典籍的轮廓会有一个大致的印象，并希望你能够循着这条道路，走进丰富的古代世界，从中汲取营养，获得新知。

编者

2015.6 于北京

第一章，什么是经史子集

经史子集，这个听上去耳熟能详，读起来朗朗上口的词，如果真的要解释确切含义，相信很多人都会不得要领。要对“经史子集”打破沙锅问到底，追根溯源，还得从书籍产生的商周时代谈起。

中国最早的书籍，大概要算是发端于商周时期的简书与帛书了。由于当时社会上能够接受教育的人少之又少，书写材料也不易获得，所以真正能够在竹简与缣帛上留下文字的人是屈指可数的，而且主要是朝廷中的史官。史官除了承担占卜的任务外，还有一项重要的职责就是记录王朝的历史，所以，最初的书籍的文字，很大一部分都是这些史官留下的文字。到了春秋末年，也就是孔子生活的那个年代，因为周王朝的衰落，一直由官方把持的教育资源逐渐流落民间，不论是贵族还是平民，都有了接受教育的机会。接受教育的人增加了，个人创立的学说也就越来越多。起初，这些学说还都是口耳相传的，师父传给徒弟，徒弟再传给下一代徒弟，但是，渐渐的，出于传播学说的需要，这些口耳相传的字句也逐渐被记录下来，成为一篇篇文章。也就是在这个时候，书籍的数量相比以前，大大地增加了。

书籍最初大多是以竹简为载体的，一根根被削成细细的、大约 1 厘米宽的竹简，通过两道或三道牛皮绳编连在一起，形成长长的卷子。在竹简上写字的时段大约一直延续到魏晋，也就是说在东汉蔡伦改进造纸术之后还过了相当长的一段时间。纸张取代竹简之后，由于纸张的轻便、易于携带，且产量大，书籍数量又一次迅速增长。著书立说之人往往而是，书籍的种类也大大增多。到了宋代，雕版印刷术的普遍使用带来了书籍史上最为巨大的变化，原来靠手抄的书籍现在变成了大规模复制，其产量的增加可想而知。伴随着知识的普及，民智的开启也达到一个前所未有的高度，加上社会经济文化的高度繁荣，书籍不论是在种类上还是在质量上都实现了质的飞跃。由宋、元至于明、清，这一潮流愈发波澜壮阔，最终奠定了中国古籍浩若烟海、品类繁盛的基本面貌。

书籍数量的不断增加，一方面大大丰富了人们对世界与自我的认识；另一方面，却造成了知识的混杂。在这种情况下，只有将书籍按照一定的标准分门别类予以归纳，才能够理清知识发展的脉络和各类知识之间的关联。书籍分类法在这样的背景下应运而生，并逐步形成了适合中国古代书籍的经史子集四部分类法。

一、经史子集四部分类法的形成

中国的书籍分类法在先秦时期是否已经存在，现在是不得而知的，已知最早的图书分类法著作，也就是所谓的目录学著作，是西汉末年由刘向、刘歆父子撰写的《七略》。刘向、刘歆父子是西汉王朝皇族的后裔，父子二人都是饱读诗书的大学问家，所以，当时的皇帝汉成帝就命令刘向整理皇家图书馆里的藏书。当时的皇家图书馆，充斥着从全国各地进献来的各种书籍。其中有一部大家熟知的书——《战国策》。但《战国策》当时并不叫《战国策》，它有着各式各样的名字，《国策》《国事》《短长》《事语》《长书》《修书》，不一而足。刘向将这几种不同的书除去重复的部分，整理出一本相对完整且规范的新书，并将其命名为《战国策》。对待其他的书籍，刘向也像对待《战国策》一样认真负责，所以，当这项工作做了将近二十年的时间，刘向辞世时，仍未完成，剩下的就交给他的儿子刘歆。刘歆继承父亲遗志，将皇家图书馆的图书整理一新，并且在其父所做工作的基础上，完成了对这些图书的分类，分类结果被撰写成《七略》一书。“七略”包括辑略、六艺略、诸子略、诗赋略、兵书略、数术略、方技略。辑略是一篇类似导读的文字，剩下的六略，才是对书籍的分类。六艺略的六艺，指的是六经，也就是《易》《书》《诗》《礼》《乐》《春秋》等儒家经典。诸子略的诸子，也就是所谓的“九流十家”，儒家、道家、阴阳家、法家、名家、墨家、纵横家、杂家、农家、小说家。诗赋略，记录的是先秦至汉代的赋与歌诗。兵书略，有兵权谋、兵形势、兵阴阳、兵技巧四个小类，这些名称听上去有些歪门邪道，但是除了兵阴阳有些迷信色彩之外，其他多是军事经验的总结。数术略，有天文、历谱、五行、蓍龟、杂占、形法。数术略的小类若单从名称上看，对现代人来说似乎是完全陌生与古奥的。但实际不完全如此，像天文类的书籍中就包含有占星术。西方的占星术现在大行其道，但中国的占星术其实起源更早。还有蓍龟，就是用蓍草和龟甲进行占卜，这两者都是《周易》卜卦的前身。方技略，包括医经、经方、房中、神仙，这一类的书籍中既有中医知识，也有民间偏方，更有所谓的房中术与修仙术，这些书大部分与解除病痛、延年益寿相关，当然，延年益寿的终极目标是长生不老，这也是为什么神仙类书籍会较多出现的原因。

《七略》对图书的分类状况大致就是如此，从中我们可以看出，现在所认为的正统学术，包括六艺、诸子、诗赋三类，其实这类书籍只占到了西汉以前书籍的一半，撑起另外半边天的，是现在学术界认为的不入流的兵书、数术与方技。这些知识虽然鱼龙混杂，没有什么体系，但从数量上仍然能够看出，古代人是看重这些东西的。而且不仅仅是民间，连官方也认同这些知识的重要性，汉武帝为求长生而命方士入东海求仙的举动，就是最好的例证。

刘向、刘歆父子编订的《七略》，在整个书籍分类史上意义重大，它不仅有首创之功，而且质量相当高，为后世的图书目录修纂树立了榜样，提供了借鉴。不过，刘向、刘歆父子编写《七略》时能够看到的，大多是先秦时期与西汉早期的书籍，因此这些书籍所反映的，也主要是先秦与西汉早期的时代特征。到了西汉武帝时，因为国家安定、四海统一，汉武帝就想，一个国家不仅要领土统一，也要思想统一，民间想法太多，终究会出乱子。于是，汉武帝采纳文人的意见，推行了“罢黜百家，独尊儒术”的方针政策。这一措施非常厉害，它直接将儒家之外的诸子百家打入冷宫，更要命的是，汉武帝还将研习儒家经典与在朝为官挂钩，书读得好便可做官，享受丰厚的俸禄，这样的诱惑使得天下的书生纷纷抛弃其他思想学说，一门心思花在儒家经典上。就是在这个转变发生后，儒家思想成了官方的主导思想，“九流十家”也就变得“不入流”。

进入东汉，儒家的地位愈发突出，各类书籍的增损也受到这一现实的影响。六艺略中，除了经典著作之外，解释经典的著作也层出不穷，故其规模越来越大。诸子略就稍显惨淡，因为不受重视，也就逐渐流散。而诗歌因为是士人表达心声的最佳选择之一，所以此类的书籍也保持了正常的增长。原来可以占据半边天的兵书、数术、方技，此时虽无明显的减少，但却在不断增加的解经著作与诗词歌赋面前，显得势单力薄。与此同时，有一种新兴的书籍类型出现了，这就是史书。先秦时期，只有史官才有权力记录历史。经过秦始皇焚书坑儒，将除秦国之外的史书一并销毁，史书的数量在西汉前期是非常少的，其数量不足以单立一类，所以就附到了六艺略的春秋类下面。但是经历了四百多年的时间，到东汉末年，史书的数量变得庞大起来，足以成为一个单独的门类。

因为客观形势的变化，到了魏晋南北朝时期，负责管理皇家图书的官员不得不重新编制图书目录。经书的庞大数量与重要地位使其成为无可指摘的第一部类；史书的迅速崛起与对政治的借鉴作用也让它占据了一席之地；诗赋类仍然单列；而诸子、兵书、数术、方技四类却被归并到一起，成为一个庞杂的门类。这种四分法的最早创制者已不可知，不过在西晋领秘书监荀勖所著的《中经新簿》中，已经是这样的格局。只是此时四部尚未定名，只称作甲、乙、丙、丁，且由诸子、兵书、数术、方技四类构成的子部排在史书之前。西晋灭亡，晋室南渡，是为东晋。东晋管理图书的官员李充又重新做了一次书籍整理，将甲、乙、丙、丁的名目更换为五经、史记、诸子、诗赋，但不论是荀勖还是李充所做的目录，相对来说都比较粗疏。直到唐代初年由官方编纂的《隋书·经籍志》，才将经史子集四分法予以完善，并确立了四分法在书籍分类法中的正统地位。自此，以经史子集为次序的四部分类法最终确定下来，一直到清代结束，也没有发生改易。

二、经史子集四部分类法的演变

经史子集四分法确立之后，不论是官方还是私人，都普遍采用四分法作为书籍目录的分类标准。不过正如前文提到的，随着社会文化的发展和印刷技术的推广，书籍的品类与数量也在不断增加，原来的分类法在现今的书籍状况面前，就显得不那么合适了。所以，历代官修或者私修的书籍目录，都对原有的目录做出了一定的修改，也正是这些变动，促使经史子集四分法朝着更加精细与合理的方向不断迈进。

就拿《隋书·经籍志》来说，虽然它的主体部分是经史子集四类，但除此以外，还有道、佛两类，只不过这两类记述简略，不足以与前面四类并列罢了。道教是中国土生土长的宗教，而佛教则由印度东传而来，之所以要在目录中对二者有所体现，就是因为这两种宗教已经全面渗透到社会的各个阶层，其经书也有着相当庞大的数量。这两种文化势力，虽然没有成为国家的正统思想意识形态，但其与国家政权的关系又是千丝万缕的，《隋书·经籍志》记录这两类书，而又不详加著录，正是当时道教与佛教在国家思想文化领域中地位的反映。

唐代以后，佛教与道教经典数量愈加膨胀，将其附于四部分类法的目录之末已不现实。于是，在佛教与道教领域便分别出现了集合一教经典的《大藏经》与《道藏》，而著录佛教经典与道教经典的目录也相继出现。在此之后，不论是官修目录还是私人修纂的图书目录，都很少再涉及佛教和道教的书目了。

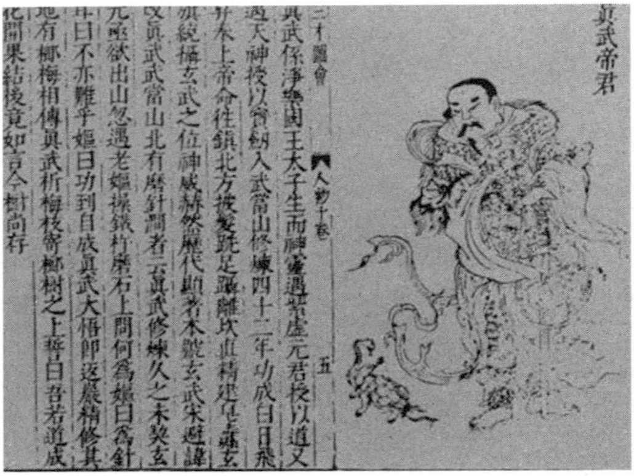

明代的《道藏》书影

佛教、道教经典与四部分类法的关系只是四部分类法演变过程中的一个方面，除此之外，尚有许多侧面，从中可以看出四部分类法随时代而发生的变化。

随着书籍数量和品种的增加，经史子集之下的小类名目逐渐增多。即使拿较为稳定的经部来说，在刘向、刘歆父子所撰的《七略》中，六艺略，也就是后来的经部，只有易、书、诗、礼、乐、春秋、论语、孝经、小学，而在《隋书·经籍志》中则增加了纬书。

纬书的概念是相对经书而来的，如果我们将经书理解为天地之大经、人伦之至则，那么纬书就是通过歪解经书以制造舆论、迎合当时政治需求的荒诞不经之书。纬书的出现，契合了秦汉时人多相信异象与预言所揭示的上天旨意这样一种社会风气。所以，为迎合统治者的需要，方士与儒生们纷纷假托圣人之名，编撰纬书，借以干预政治，并为自己获取高官厚禄。编纂纬书的风气蔓延到东汉，魏晋南北朝时期犹有余风。到唐初编写《隋书·经籍志》的时候，因为当时存留的纬书数量很多，所以就在经部设立了纬书一类，以反映现实书籍种类的变化。

到了宋代，浙江安吉州人陈振孙以一己之力，根据自家的藏书编写了一部目录，称为《直斋书录解题》。此目录虽然没有明确分为经史子集四部，只是列了五十三个小类，但考察这些小类的次序，其实还是按照四部来划分的。其中，经部的小类包括易、书、诗、礼、春秋、孝经、语孟、谶纬、经解、小学，和《七略》《隋书·经籍志》的经部相比，又增加了经解。

经解，据名可知，是解释经典的著作，因为诸经地位崇高，且是文人学士研习的主要对象，所以一直以来就不乏解释与阐发之作。这些解释经典的著作又可以分为两类，一类是针对某一部经典的注解之书，如《论语集解》《春秋经传集解》；另一类则是针对多部经典的注解之书，如《七经小传》《龟山经说》等。前一种解经之书往往会划归到某部经典所在的类别之下，如《论语集解》就在语孟这个类别下，《春秋经传集解》则归入春秋类之下。后一种经解之书，因为它们是通释诸经的著作，无法归入到任何一种专门经书的门类之下，所以只能单列出来，就形成了经解这一类目。

在历代目录中，四部之下的小类名目数量，总体上是逐渐增加的。但有些小类因为书籍流传越来越少，不足以成为一类，也就被撤销或合并到其他类别了。这其中最为显著的是子部诸子门类的减少，《七略》于诸子略下，著录有儒家、道家、阴阳家、法家、名家、墨家、纵横家、杂家、农家、小说家。到了清代朝廷编修《四库全书总目提要》的时候，这九家就剩下儒家、法家和农家了。其他各家因为数量太少，被统统归入到杂家。不过，《四库全书总目提要》的杂家与《七略》的杂家可不相同。《七略》的杂家是博取诸家之长的意思，而《四库全书总目提要》的杂家可真是个收容所，要是哪一本书无类可入，就被归入到杂家里去。这个杂家，可是真正的杂了。

除了类目的增加，四部分类法的演变过程中较为显著的特点，还包括层级的增加。《四库全书总目提要》出现以前的目录书，往往只有两层类目，而《四库全书总目提要》则增加为三层，这是某类知识走向精细化的表现。就如同我们现在的学科分类，有一级学科，有二级学科，有的还有三级学科。分层越多，说明这一学科所包含的知识越丰富、分支越广泛。

《钦定四库全书》书影

经史子集四部分类法到达极盛期的标志是清代《四库全书总目提要》的修纂。这部目录学著作集合了历代目录学著作的成就，不仅条目清晰，而且还叙述了各个类目的发展源流，并修正了一些前代归类不合理的谬误。但是，物极必反，盛极必衰，四部分类法走到它的极盛点时，其自身无法超越的局限性也暴露出来。最为严重的是它所贯彻的正统观念。以讲音乐方面的书为例，若以现代人的眼光，只要这部书是在谈论音乐，就可归入乐类。但《四库全书总目提要》并不如此，讲乐论的书，若合于圣人之道，便归入经部乐类；若只是寻常弹词小曲，只关风月不关大道，便归入到子部艺术类，这种人为的割裂完全是受了正统观念的约束。此外，有些书籍归属问题历代目录著作都未解决，《四库全书总目提要》也只是因袭而未作变革，这表明了四部分类法已经不能适应当时的书籍状况，在因袭前代目录的基础上做一些小修小补，无助于解决根本性的问题。不过，《四库全书总目提要》作为中国古代书籍著录的集大成之作，对保存中国古代文化还是起了相当大的作用。现在我们要了解中国古代书籍与文化，依然离不开它的指引与帮助。

第二章，垂训万世话经部

一、何谓经书

经史子集四部里，经部大概是最为特别的一个部类了。因为经部的设立，并不是根据该部类书籍的内容，而是根据其在社会文化中所占据的特殊地位。经，顾名思义，就是经典，是那些至高无上、垂训万世的典籍。因此，由这些经典书籍组成的经部，也必然将在各种书籍分类法中占据最为重要的地位。那么，经部的崇高地位由何而来呢？这一切，要从汉武帝说起。

西汉初期，数代皇帝吸取秦朝暴政亡国的教训，采取了与民休息的政策，出现了“文景之治”的盛世局面。在国家力量逐渐强大以后，雄才大略的汉武帝对内实行“推恩令”，使得抚有王国而治的诸侯权势渐弱，难与中央政府抗衡；对外则大力开疆拓土，维护边境安定，并使匈奴南向称臣，大一统的局面在汉武帝的运筹帷幄下成为现实。国家疆土需要统一，思想意识形态也要统一，在先秦诸子百家各派学说中，汉武帝摒弃了先前为了休养生息而一直尊奉的黄老之说，最终选择了儒家思想作为官方的意识形态。

儒家思想之所以得到青睐，很重要的原因是它很好地传承了先秦经典，并将这些经典按照儒家思想加以阐释，建立了较为完善且符合统治需要的思想体系。先秦时期的主要典籍，包括政府的文书《尚书》、周代贵族卜筮之书《周易》、记录列国历史的《春秋》、官方所纂辑的贵族与平民的诗歌总集《诗经》、记录周代礼仪规范的《仪礼》、记录周代官制的《周礼》以及阐释《仪礼》旨意的《礼记》等。这些典籍大多经过孔子的整理，因此，不论是典籍本身还是与典籍相关的记录，都多多少少地带上了儒家的印记。进入汉朝，当汉武帝选择儒家思想作为官方意识形态之后，儒家所尊奉的经典也就成了官方所尊奉的经典。

对于一个政权而言，统一底层民众的思想虽然重要，但更重要的是统一有知识、有文化的士人阶层的思想。单单设立儒家思想为官方思想，还不能完全得到社会民众与士人的普遍认可，所以，汉武帝进一步采取措施，在国家最高等级的学校——太学，设立了五经十四博士，将所读之书与个人仕途结合起来。全国各地的士人纷纷研习儒家经典，即《易》《书》《诗》《礼》《春秋》五经。由此，也就确立了儒家经典在社会民众心中至高无上的地位，而其他诸子各家，就在这样的背景下逐渐消散，以至于无人问津。

1. 经书范围的变化

经书的至高地位虽然在汉武帝以后就逐渐确立，并为官方与民间所共同推崇，但经书的范围却一直没有完全固定下来。究竟哪些经典才能够称得上经书，得到官方或士人群体的认可，成为社会普遍接受的经典呢？这不仅取决于经书自身的性质，也与当时的社会风气密切相关。下面，我们就截取几个时代的片段来看一看经书的范围在历代的变迁。

汉代处在一个时代转换的关口，以秦统一六国为时间节点，之前的历史我们称为先秦时期，而之后则是秦汉大一统时代。秦帝国二世而亡，有些制度仅是初创，还潜伏着很大的变数。到了汉代，王朝实现了真正意义上的统一，并且这统一局面延续了四百多年。统一王朝的基本制度，就在这四百多年中酝酿、发酵，并走向成熟。经书范围的发展演变，也走过了同样漫长的道路。不过，汉代经书范围的变化，变的并不是经书本身。五部经书，即《周易》《尚书》《诗经》《礼记》《春秋》的地位一直都没变。真正变化的，是官方认可的经解之书。比如《春秋》经在两汉都是经书，但到底是用《公羊传》《谷梁传》还是《左传》来作为解经之书，却经历了很多次变动。而这种变动又多与当时的政治风气有关，如《左传》作为古文经学，因其对经书文字的解读方式比较质朴，没有多少对当今政治的附会与发挥，所以就很难得到光武帝刘秀的喜欢。而光武帝刘秀之所以偏好擅长附会政治的解经之作，是因为在他与其他割据势力争夺皇位的过程中，有相当一批喜欢拍马屁的《公羊传》的传人根据经书的内容，伪造了许多刘秀可以做皇帝的预兆，让刘秀十分高兴。因此，在他做了皇帝之后，就真的抬高了《公羊传》，而不重视看上去比较老实的《左传》。

五经在汉代的地位是比较稳固的，但到了魏晋南北朝时期，因为玄学的发达与佛学的传入，儒家经书在国家政治层面日渐式微，而具有较强实践性的礼学则兴盛起来。礼学之所以兴盛，是因为魏晋南北朝是门阀社会时期。大家族大门阀为了显示自己的地位，彰显自己高贵的品位，拉开与普通门第的差距，都十分愿意搞那些繁文缛节。因此，作为“三礼”之二的《周礼》与《仪礼》开始进入到官学系统中，成为士人研习的经典。经过三国、两晋之后，到南朝宋时，官学正式确立了十经，即《周易》《尚书》《诗经》《礼记》《周礼》《仪礼》《公羊传》《谷梁传》《左传》，外加《论语》《孝经》作为一经，总共十经。这一次经书范围的确定，成为后世确立经书范围的主要依据。

经历魏晋南北朝的颠簸与浮沉，到了隋唐时期，国家重新恢复大一统，恢复文教、设科取士成为朝廷一项重要的任务。在唐太宗李世民刚登基不久，官方就颁布了最新的经书目录，包括《周易》《尚书》《诗经》《周礼》《仪礼》《礼记》《左传》《公羊传》《谷梁传》这九经，另外加上《论语》《孝经》《尔雅》等书，经书范围进入了“九经时代”。唐代之所以这么迅速地确定经书目录，是因为经书范围的确定，直接关系到参加科举考试的读书人从小研读书籍的范围，就如同现在的学生到了期末考试之前，总希望老师能划划重点，那些考试不会涉及的内容，也就没必要再看。但是，学问这种东西，特别是对经书内容的阐释，往往会随着时代的变化、个人的成长而发生一些变化，有时甚至是很大的变化。就像撰写《万历十五年》的黄仁宇，年轻时对英国资产阶级革命的领导者克伦威尔大加讨伐，但人到中年，却对其行事多有赞扬。各类人对经书的阐释，也会出现这种情况。但是，一旦官方规定了唯一正确的结论之后，大家不论有什么别的想法，也不能随意发挥，只能遵照教科书上的讲法来讲，这样一来，经书的阐释也就逐渐走向僵化，丧失了经学作为一种学问应该具有的生命力。

所以，到了北宋建立之后，王安石在熙宁变法中，也特意对经书的范围和科举考试的方法做了重大改革。王安石是个非常有个性的人，他追求的是治国平天下，是对社会事务的通达和世间道理的辨析。所以他认为，此时的社会需要的不是仅能明白书本内容的人，而是能够以经书所讲的道理为依据，提出关于当下社会改革思路与措施的人。王安石的这一想法得到了神宗皇帝的全力支持。在神宗的许可下，王安石对官定经书目录进行了大刀阔斧的改革，将《春秋》这种只记事实而无可发挥的书排除出经典范围之外，而重新重视《周礼》这一在典章制度方面具有借鉴意义的经书，由此拟定了新的五经，即《周易》《尚书》《诗经》《周礼》《礼记》。除此之外，他还大力提拔《孟子》，使其从一本诸子之书一跃而成为兼经。从此，宋代开始实行正经与兼经的制度。而且不论是正经还是兼经，在考试的时候再也不必依照某一家的解释来回答题目，而是可以采用任何一家的说法，甚至发表自己的观点。王安石的做法，为已经趋于僵化的官方经学注入了新的活力，这也是他改革最富有成效的领域之一。

到了南宋，王安石富有个性的五经范围被打破了。《春秋》这部经书经过一番波折，重新回到经书的大家庭，由此也就形成了南宋《周易》《尚书》《诗经》《周礼》《礼记》《春秋》六经的局面。当然，除六经之外，《论语》和《孟子》作为兼经的地位也彻底落实下来。即使仍有学者质疑《孟子》的经书身份，也无妨《孟子》得到官方与民间知识群体的广泛认可。

入元以后，南宋六经中的《周礼》又被排挤出去了。这其中的原因，一方面是《周礼》太脱离现实，没有什么可资借鉴的内容；另一方面，《周礼》的内容是周朝的官员设置与职掌，这样的内容本身，就决定了它与个体的教化和心性的辨析没有多大的关系。南宋以来，以朱熹和陆九渊为代表的理学家，已经将儒家的性理学说推广至整个社会，与此关联不大的《周礼》自然难免失掉它曾经的辉煌地位。

明代以后，四书五经的格局彻底建立起来，五经还是汉代的五经，即《周易》《尚书》《诗经》《礼记》《春秋》，而四书则是《论语》《孟子》《中庸》《大学》。四书一下子跑到了五经的前面，成为士人的必读书，而五经转而式微。为什么会出现这样的现象呢？我们知道，文化现象总是与社会风气有着千丝万缕的联系。明代继承了南宋末年与元代的传统，理学越加发达，整个社会都在谈论所谓的义理，辨析天理与人欲、本性与情感，而"四书"正是这些理论的依托。像我们最熟悉的孟子的"性善论"，就被朱熹详加解析。孟子强调人可以为善，而朱熹侧重人性本善，这就使性善这一话题从一个实践性的行为上升到心性之学的哲学层面上来。

四书五经的格局一直持续到清末，但在官方以外的知识分子群体中，从南宋开始，就有人注意到，先秦流传下来的典籍在理学的冲击下，有些已经湮没不传，濒临断绝。若不及时保护，恐怕以后难得再见。在这样的意识的指引下，到明代中期，终于有了第一套《十三经注疏》的汇刻出现。《十三经注疏》集合了自唐以来的历代官定经书，也引领了一批学者重新关注宋代之前的经书与经学。一直到现在，《十三经注疏》都是研究经学史和中国古代学术必不可少的重要典籍。

2. 经书的衍生品

经书的数量是有限的，正如上一节所讲，即使在经书范围最大的时候，也不过十四种。但是经部之所以能够与史部、子部、集部并列为一个部类，不仅仅是因为经书地位的重要性，也因为经书拥有数量繁多的衍生品。正是这些衍生品的存在，让经部成为声势浩大的群体。什么是经书的衍生品呢？简单地说，经书的衍生品就是注解经书的著作。经书普遍具有两个特点，一是著述时间早，多是先秦时流传、西汉早期写定；二是文字古奥难懂。这两方面的原因吸引了许多儒生来为经书做注解。

经书的注解，一般可分为两个层次，分别是注和疏，注是直接解释经文的，而疏则既解释经文，又解释注文。由此，形成了经、注、疏三个层次。经文的内容是固定的，注和疏却种类繁多。注，又可称为传、笺，如《春秋》经有《左氏》传，《诗经》有郑玄笺。疏，又可称为正义，如《周易》有《周易疏义》，也有唐代官方主持修订的《周易正义》。之所以叫正义，是因为这部注释经典的著作是由官方颁行，它对经书字句意义的解释最为正统。当然，这是官方的说法，学者是否愿意接受，还要另说。

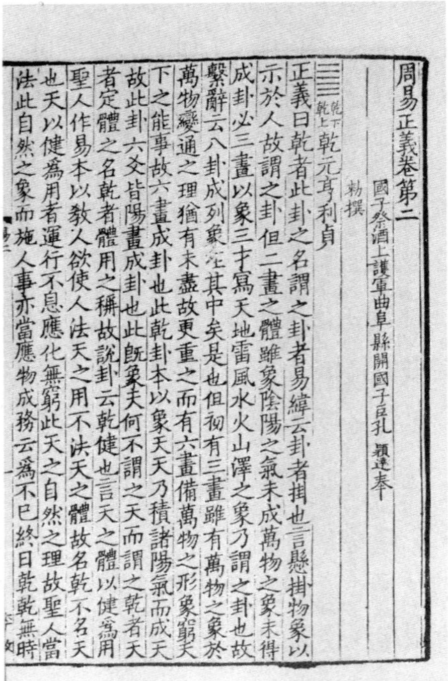
周易正義卷第二
國子祭酒上護軍曲阜縣開國子臣孔 穎達奉
勑撰
☰ 乾下乾上 乾元亨利貞
正義曰乾者此卦之名謂之卦者易緯云卦者掛也言懸掛物象以
示於人故謂之卦但二畫之體雖象陰陽之氣未成萬物之象未得
成卦必三畫以象三才寫天地雷風水火山澤之象乃謂之卦也故
繫辭云八卦成列象在其中矣是也但初有三畫雖有萬物之象於
萬物變通之理猶有未盡故更重之而有六畫備萬物之形象窮天
下之能事故六畫成卦也此乾卦本以象天天乃積諸陽氣而成天
故此卦六爻皆陽畫成卦也此既象天何不謂之天而謂之乾者天
者定體之名乾者體用之稱故說卦云乾健也言天之體以健爲用
聖人作易本以教人欲使人法天之用不法天之體故名乾不名天
也天以健爲用者運行不息應化無窮此天之自然之理故聖人當
法此自然之象而施人事亦當應物成務云爲不已終日乾乾無時

《周易正义》书影

经书有如此多的注疏作为衍生品，那么这些注疏有什么特点呢？综合来说，这些注疏可以分为三类。第一类侧重训释文字，也就是针对经书里难读、难认、难懂的字，做一番考证与解释，让看书的人能够容易地明白经书所表达的基本含义。第二类侧重阐发义理。经书既然被官方用来当作意识形态的宣传工具，那么就必须将经书中所蕴含的道理做一番阐发，才能让人明白其中的微言大义。当然，经书中既有官方需要的内容，也有士人或普通民众需要的思想。官方的需要，比如《春秋》三传强调的“华夷之辨”与“春秋大一统”；民众的需要，则集中在伦理道德与个人修养层面，如为大家所熟知的“修身、齐家、治国、平天下”。注疏偏向义理，在宋、明两代最为显著，一是因为雕版印刷术在宋、明两代的普及使得经书的流传愈加普遍，人人都可读经，人人都可议论；另外，自中唐时就初露端倪的心性之学与义理之学，到宋代达到兴盛的局面，读书人在看重经书字义的同时，更加讲求经书中蕴含的至深至远的义理，这两方面共同促成了偏向义理的注疏著作的兴盛。第三类注疏则是两者兼顾，既训释文字，又阐发义理。这类注疏历代皆有，是较为中正的注疏著作，官方注疏主要就是这个风格。

在这三类注疏著作中，我们也许会觉得第一类，即文字训释类注疏不那么有深度，但事实上文字训释的价值是不容小觑的。因为经书产生的时代久远，从春秋末年至刘邦建立西汉就已经跨越了两百多年，在这期间战乱频仍，地域之间在语言文字的使用上也存在着不小的差异，导致有些经书想达到通读的水平都有难度，更不用说阐发道理了。所以，在当时能够将经书文字解释通顺的人，已经能够成为一经的博士了。另外这些注疏的存在，也使得离经书产生年代很远的人，得以借此读懂经书的内容。

经书的注疏，按照现在人的想法，既然是解释经书的文字与意义，就应该紧跟在需要解释的经文之后，遇有不懂的字句，可以随时查看注解。不过事实并不如此。最初的经书与注疏是相互分离的，如《春秋》是经书，《公羊传》《谷梁传》与《左传》是《春秋》经的三种传，也就是注。这三种传并不附在《春秋》经之后，而是别本单行。看书的时候，要一边翻经书，一边翻注书，其实是非常不方便的。西晋时期的杜预作《春秋经传集解》时，开始将《春秋》经、《左传》与自己的集解按时间顺序排列在一起，起到便于阅读的效果。

不过限于当时的注疏多是抄本，在做注疏时，将经文或注文抄在前面的习惯依然没有养成。为了说明自己解释的是经文的哪一段文字，注释者往往用“从某字至某字”的方法标注经文的起止。这种注疏本单行的方法一直延续到宋代，至南宋时才发生了改变。南宋时，雕版印刷术的普及，催生了一大批以刻书、卖书为生的书商。书商卖书自然要讲求销路，所以为了方便读者阅读，书商就主动将经文、注文、疏文合刻到一起，由此开启了经注疏合刻的历史，而注疏单行的抄本或刻本就逐渐湮没不传了。

二、经部的分类及书目举例

经部作为一个大的部类，其下又划分为许多小类。这些小类随着经部书籍数量的增加与类型的变化也在不断改变。透过这些改变，我们不仅可以看到经学系统本身的学术演变轨迹，也可以大致看出当时的社会思想具有何种特征，这就是所谓的“一时代有一时代之学风”。

一个时代学风的养成，与前一个时代有着紧密的关系，它或者是延续上个时代的风气而略有变化，或者是因为反对上一时代的风气而另辟新局。不论是沿袭还是抨击，图书目录的主要功用都是对前代书籍与知识的总结，而非仅仅是对当下文化的归纳，因此，图书目录也不可避免地与此前的时代有着千丝万缕的联系。

下面，我们就来看一看经部书籍分类的演变，以及由书籍各方面变化而折射出的时代学风的改变。

1. 经部分类的演变

经部的分类，从总体上看变化不大，从最初的《七略·六艺略》到清末的总结之作《四库全书总目提要·

经部》，增加的部类只有五经总义和四书。变化比较明显的地方在于二者的目录层级，《六艺略》的目录只有一级，而《四库全书总目提要·经部》的目录却有两级，如《四库全书总目提要·经部》礼类下面又细分为周礼、仪礼、礼记、三礼总义、通礼与杂礼书，而《六艺略》则以礼类统一了所有的礼书。从汉代到清代，礼学的发展虽然起起伏伏，但一直延绵不辍。所以，整理、解释礼学经典的书籍，数量越来越多，而且门类更加齐全。有专门为一本经书做注释的，也有为各个经书都做注释的；既有侧重文字训诂的，也有侧重阐发微言大义的。这些差别，反映到目录的编排上，就出现了从单一目录到多级目录的变化。

需要向大家说明的一点是，目录的编制往往具有一定的时效性。在编制目录期间，也许有新书出来而未及收入，也许目录编完不久就出现了较大的社会变故，导致目录能够反映的只是短时间内存在的情况。就像南朝梁代目录中记录的很多书，到了时隔不远的隋朝，就只剩下一个书名，书却不见了，这是因为梁代存在的时间比较短，还没过多久安宁日子就被别的野心家打败了，国家的藏书机构也随之毁于战火。

总之，目录书会有自身的局限，但我们还是可以通过它了解一些线索，窥探一些历史的真面目。

纬书的发展演变是个很好的例子。纬书的得名挺有意思。现在地理上讲经线与纬线，经纬交错，就织成一张覆盖地球的大网。古代的经纬，指的却是织布时的丝线，竖的丝线称为经，横的丝线称为纬。织布的时候，经线扯在那里不动，而纬线则在经线之间来回穿梭，最终织成一面布匹。纬书的命名就是仿照纬线与经线的关系得来的，纬书是解经的书，是演绎经义的书，五经都有自己的纬书。同时，古代也讲经天纬地，经书的内容关乎天道，纬书的内容就关乎地上的人道。天道至远，而人道至近，贵为人间的最高统治者，也就是皇帝，必须充分关注到纬书，才能有效地统治自己的国家。

纬书的作者被附会为孔子。据说孔子在作六经时，担心经文太深奥，世人看不懂，所以就给每一本经书写了一本纬书。但事实上，这纬书的内容可比经书深奥难懂得多，像《援神契》《灵准听》《稽曜钩》，光看书名已经让人觉得神秘莫测、不知所云了。而纬书被安上如此重要的头衔，受到世人，特别是统治者的重视，不是因为文字流传久远，也不是因为它们是孔子所做，而是因为里面有好多预言，且预言的主要对象是朝代的更替与皇帝的人选。

古代人是很相信预言的。因为他们对自然界懂得太少，所以对圣人和上天说出来的话就深信不疑。更不用说处在朝代更替之际的各路诸侯，谁都想得到上天的垂青，坐上皇帝的宝位。而真正编写这些预言的人，往往又是一批懂得些历史兴衰的方士，所以有些事实还真被他们说中，如此一来，纬书就更有市场了。

东汉的历代皇帝都对纬书十分看重。他们在平日的学习中就会阅读纬书，在朝堂之上喜欢听熟悉纬书的大臣讲话，对那些不懂谶纬，也不用纬书解释政治的学者，则显得非常不满。皇帝的喜好，影响了社会的风气。东汉一朝，讲说谶纬的风气都非常兴盛。不过汉朝覆灭，魏晋开局，谶纬之风就开始消歇，因为魏晋南北朝是乱世，哪家的皇帝坐得都不长久，而且想要在这种乱世中准确地预言谁将做皇帝，真是一件难上加难的事情，所以，谶纬就难以受到统治者的喜欢了。到了隋代，国家一统，隋文帝和隋炀帝也不愿意自己的臣子用这些本来就荒诞不经的文字来左右自己的政治，所以他们就下令禁断谶纬，不许任何人再谈论。纬书在隋代以后就慢慢散失了，唐以后虽然还有流传，但数量相比东汉可是少了许多。

在目录书的著录中，西汉末年的刘向、刘歆父子所编的《七略》中没有纬书，到了唐初编写的《隋书·经籍志》就著录了大量的纬书。这种变化，正反映了纬书的发展历程。

2. 经部各类书目举例

经部书在现代人眼中似乎是一种枯燥且乏味的书籍。提起经书，我们最直接的联想大概就是书塾中双手背于身后、手握一本书卷、摇头晃脑的老夫子与伏案大睡、口水淋湿课本的小书童。之所以造成这样的印象，是因为经书被官方过度利用，定为科举考试的课本，从而扼杀了它本身的趣味，使它成为一种纯功利性的考试用书。作为一个现代人，我们若能够抛开捆缚于经书上的种种枷锁，以一种鉴赏的态度去看待它，就会看到经书作为上古流传下来的典籍，还是有它的魅力的。以下将在每类经书中分别举一两部具有代表性的著作，让大家看看经书的本来面目。

经书的分类，将按照《四库全书总目提要·经部》来列，这样比较全面，且书籍易得。《周易》《尚书》两部书，文意深奥且不易阅读，所以这里不再列举。《诗经》则容易得多，这里列举两首清新的小诗，让大家体会一下上古人民细腻的情感。

《诗经·郑风·出其东门》：

出其东门，有女如云。
虽则如云，匪我思存。
缟衣綦巾，聊乐我员。
出其闉阇，有女如荼。
虽则如荼，匪我思且。
缟衣茹藘，聊可与娱。

［译文］

走出那东门，有姑娘多得像云。
虽然多得像云，不是我想念的人。
只有那位白衣青巾，姑且是让我喜爱的人。
走出曲城的重门，有姑娘多得像白茅花。
虽然多得像白茅花，不是我牵挂的人。
白衣红巾的那位，姑且可以同她相配。

《诗经·小雅·采薇》：

采薇采薇，薇亦作止。
曰归曰归，岁亦莫止。
靡室靡家，玁狁之故。
不遑启居，玁狁之故。
采薇采薇，薇亦柔止。

曰归曰归，心亦忧止。
忧心烈烈，载饥载渴。
我戍未定，靡使归聘。
采薇采薇，薇亦刚止。
曰归曰归，岁亦阳止。
王事靡盬，不遑启处。
忧心孔疚，我行不来！
彼尔维何，维常之华。
彼路斯何，君子之车。
戎车既驾，四牡业业。
岂敢定居，一月三捷。
驾彼四牡，四牡骙骙。
君子所依，小人所腓。
四牡翼翼，象弭鱼服。
岂不日戒，猃狁孔棘！
昔我往矣，杨柳依依。
今我来思，雨雪霏霏。
行道迟迟，载渴载饥。
我心伤悲，莫知我哀！

［译文］

采薇菜啊采薇菜，薇菜刚刚在生长。

说归去啊说归去，一年过去了仍没有迹象。
没有妻室没有家，猃狁的缘故要算账。
没有功夫讲安居，猃狁的缘故只要讲。
采薇菜啊采薇菜，薇菜变得嫩又柔。
说归去啊说归去，不能归去心发愁。
心里忧愁像火烧，又饥又渴怎么了。
我的戍卫没有定，不能使人归问聘。
采薇菜啊采薇菜，薇菜变硬不好采。
说归去啊说归去，年到十月不等待。
王事没有稳固啊，没有时间可安怠。
心里忧愁很病痛，我想走了不等待。
那个花是什么花？是棠棣的花。
那个路上谁在行？是将军的车。
兵车已经驾好了，四匹雄马很壮观。
怎敢说安定居处？一个月里三胜战。
驾车用那四雄马，四匹雄马很强壮。
战车是将军所依靠，士兵所隐蔽。
四匹雄马驾车很熟练，带上象弭鱼皮袋。
岂不每天作戒备，猃狁的事很是急。
从前我去参军了，杨柳殷殷情不了。
现在我归家来了，雨雪纷纷下不停。

行路慢慢复迟迟，又饥又渴怎么了。

我的心里很悲哀，没人知道我的心。

接下来是《周礼》《仪礼》《礼记》，也就是俗称的“三礼”。

《周礼》讲的是周代的官制。整本书按照天、地、春、夏、秋、冬的性质给各种官职分了类，如天官中有冢宰一职，是掌管祭祀之事的，因为祭祀以天为尊。春天万物萌发，所以春官中的各类官职多掌教化，以象征抚育万物，最为典型的就是掌管宗族事务的宗伯一职。周代实行分封制，周天子是国君，同时也是家族首领。这种家国一体的政治制度，使得管理家族事务的宗伯也具有了很高的权力。宗伯的主要职责，就是团结并教化家族成员，使周朝的统治集团内部能够平稳有序。《周礼·春官宗伯》中讲道：“惟王建国，辨方正位，体国经野，设官分职，以为民极。乃立春官宗伯，使帅其属而掌邦礼，以佐王和邦国。”

《仪礼》一书，主要讲士这一阶层的礼仪细节。俗话说，进退揖让皆有礼数。这礼数的详细操作方法，就保存在《仪礼》一书中。现代人讲礼节讲得少，古代人举行活动甚至相互串门，自认为是君子的士人都要讲求一大堆礼节。今天看来自是拘束得很，但他们认为这才是正人君子的风范，是应该遵守的。《仪礼·士相见礼》中，讲臣私见君之礼，“凡燕见于君，必辨君之南面。若不得，则正方，不疑君。君在堂，升见无方阶，辨君所在”。这就是说，臣私见君，臣要面向北，君要面向南。如果不能有南北向，那么也必须是正方向，比如正东、正西，决不能有东北、西南这种朝向。升堂见君时，不一定从某个固定的台阶上堂，要看君在何处，君在东阶，则从东阶上堂，近西阶，则从西阶上堂，以近君为便。

《礼记》的本质是《仪礼》的传记，因为《仪礼》不仅难读，而且讲的这些仪式性的礼仪，不能很好地反映出其中的道德伦理，所以《礼记》就担负起了解释经典微言大义的重任。《礼记·礼器第十》：

> 礼器是故大备。大备，盛德也。礼释回，增美质；措则正，施则行。其在人也，如竹箭之有筠也；如松柏之有心也。二者居天下之大端矣。故贯四时而不改柯易叶。故君子有礼，则外谐而内无怨，故物无不怀仁，鬼神享德。先王之立礼也，有本有文。忠信，礼之本也；义理，礼之文也。无本不正，无文不行。礼也者，合于天时，设于地财，顺于鬼神，合于人心，理万物者也。是故天时有生

也，地理有宜也，人官有能也，物曲有利也。故天不生，地不养，君子不以为礼，鬼神弗享也。

这里虽然以讲礼器开头，但仍然落实到君子之礼上。只有君子讲礼，礼器才有了名副其实的价值与意义，用礼器敬鬼神，才能得到他们的保佑。

三礼之后是三传，三传是指“春秋三传”，也就是《公羊传》《谷梁传》和《左传》，《公羊传》《谷梁传》因为解经比较繁杂，所以学习的人也少，但它们仍然有其价值。流传最为广泛的是《左传》，因为它基本以故事构成，可读性比较强。若是想了解春秋时期社会上层人物的生活情态和精神风貌，推荐读读《左传》。

这一段是“范宣子轻币”：

范宣子（晋国当政之人）为政，诸侯之币重，郑人病之。二月，郑伯如晋，子产寓书于子西，以告宣子，曰：“子为晋国，四邻诸侯不闻令德，而闻重币，侨（子产）也惑之。侨闻君子长国家者，非无贿之患，而无令名之难。夫诸侯之贿，聚于公室，则诸侯贰；若吾子赖之，则晋国贰。诸侯贰，则晋国坏；晋国贰，则子之家坏。何没没也！将焉用贿？夫令名，德之舆也；德，国家之基也。有基无坏，无亦是务乎！有德则乐，乐则能久。《诗》

云：‘乐只君子，邦家之基’，有令德也夫！‘上帝临女，无贰尔心’，有令名也夫！恕思以明德，则令名载而行之，是以远至迩安。毋宁使人谓子‘子实生我’，而谓子‘浚我以生’乎？象有齿以焚其身，贿也。”宣子说，乃轻币。

郑国是晋国的属国，郑国长期以来要交给晋国很多的贡赋，从而加重了郑国的经济负担。为此，郑国的执政之一子产就到晋国，向晋国的执政大夫范宣子讲道理。他说，如果晋国减轻了郑国的贡赋，那么其他国家听闻晋国的英明与大度，也会前来归附晋国，这对晋国不是很好吗？范宣子听从了子产的建议，减轻了郑国的赋税，也维护了晋国的大国形象。

除了以上这些传统的经书以外，经部还有一些其他书，比如字书。最有代表性的就是段玉裁的《说文解字注》，在清代以至现代，学习古文字的人都必须熟练掌握段玉裁的这本书。它保留了大量的古文和籀书，而且解字方法多样，最为人所知的就是“六书”，也就是六种造字方法，即象形、指事、会意、形声、假借、转注。只不过现代学者对这六个名词中指事、会意、转注的含义，还没有完全搞清。这里就摘取一则对“情”字的解释，让大家对《说文解字注》有个初步的认识：

情，人之阴气有欲者。董仲舒曰：“情者，人之欲也。”人欲之谓情。情非制度不节。《礼记》曰:“何谓人情，喜怒哀乐爱恶欲，七者不学而能。”《左传》曰:“民有好恶喜怒哀乐，生于六气。”《孝经·援神契》曰：“性生于阳，以理执；情生于阴，以系念。”从心青声，疾盈切，十一部。

三、经书逸事

1. 今古文之争

汉武帝自独尊儒术之后，为了体现对儒家经典的重视，就在中央设置了当时的最高学府——太学，并任命了五经博士来充当老师。博士这个词，本来是说这人懂得多，能为皇帝提供各类咨询服务，但五经博士却是专人专经。懂《周易》的博士可能不懂《诗》，懂《春秋》的博士可能不懂《礼》，导致有时候皇帝一时兴起，问了一个《春秋》博士关于礼的问题，却没有从博士那里得到满意的答案，就会有点窝火。不过这种情况比较少，大多数时候，皇帝还是看重博士的，所以，各经的博士也会努力发展自己的学说与理论体系，来满足皇帝统治的需要。在官方设立五经博士之前，民间一直有人在传习各种经典，因为地域的差别、思维的差异，同样一种经典出现了不同的解说方式，形成了不同的学派。这些学派一听说中央要立五经博士，就纷纷声明只有自己的解说才最符合经典的真谛，加之传习这些学派的学生人数还不算少，可以说是拥有广泛的社会基础，于是，官方就不得不承认这些学派的地位，并将它们一并纳入到五经博士里去。如此一来，一部经典就有了不止一个学派的博士，比如《周易》，就有施雠、孟喜、梁丘贺三个学派。之所以用人名来称呼学派，是因为西汉的学生很注重师承，只要谈到学问，就会说我的祖师是谁，我祖师是怎么说的，很少有自己的创新。当然，要是在学生中间出了一个天才级的人物，将这一学说发扬光大，提升到一个新的高度，那么，他的祖师也就面临着湮没不闻的危险境地，而这个学生也就成为了新的一代宗师。

当然，不管这些宗师怎么解释他们手中的经典，经典本身总是不变的。它们从先秦发源，经历了秦始皇的焚书、秦汉之间的战火，能够流传到汉代，已经是极为不易。博士们虽然很怨念经典文字的少量缺失，但他们也怀有一腔热情，用自己的知识和智慧，充分阐发经典的微言大义，力争把经典的缺口填补起来。由于这样的热情不断泛滥，也导致了一个不够完美的后果，那就是解经的文字数量之大，完全湮没了经文。学生们面对老师滔滔不绝、口若悬河的解说，犹如置身一片汪洋大海，找不到方向，看不到尽头。有的人穷其一生，头发都白了，也不能完全掌握一部经典。这种弊端越到后来越加显著，显著到总算有人斗胆出来振臂一挥，打算改变一下这种风气。这个人，就是刘歆。

在讲述刘歆的行动之前，我们要先普及几个概念，也就是本节的标题中提到的“今古文”。“今古文”是今文经与古文经的省称。今文经和古文经是两个对立的概念，今文经指的是用汉隶书写的经书，古文经则是用战国时期六国文字书写的经书。西汉的那些博士们所研习的经书，都是今文经。而所谓的古文经是在西汉早期和中期从民间发现的一些用战国文字书写的经书，因为时间远古，所以称之为古文经。今文经因为一直在社会上流传，所以得到了官方和民间的普遍认可，但是古文经不知道是从哪个犄角旮旯里发现的，发现之后又直接被运进了皇家图书馆，所以除了整理图书的刘向、刘歆和其他图书馆管理人员之外，很少有人见到这些典籍，也就无从了解这些古文经书的价值。

今文经的弊端不断显露之日，也是刘歆整理皇家图书接近尾声之时。刘歆的任务虽然只是接替其父刘向整理图书，但他又是个很有想法的人，不仅学问做得好，而且还有很高的学术自觉性和政治敏感性。看到当时的博士们解经烦琐、模式僵化，他想，如果学术一直这样做下去，必然是没有前途的。学术还是要回归扎实，且要有创新的机制。然而要向群体庞大的今文经学博士们挑衅，必须有一个很好的借口和切入点，于是，刘歆就选择了与今文经对立的古文经。他把它作为武器向今文经博士们发起了挑战。

不过，令刘歆郁闷的是，当他积攒了一堆理由想跟今文经博士大吵一架的时候，博士们一致选择了不出声，没有人站出来跟刘歆吵架。刘歆没有办法，于是就写了一篇战斗檄文，也就是鼎鼎大名的《移太常博士书》，将今文经博士的不良学风数落了一番，并把古文经的优点大大地表扬了一番。古文经有什么优点呢？按刘歆的话来说，古文经首先可以补今文经之缺，今文经在流传过程中出现了很多缺损，文字不全，并不能很好地解释经义。而将古文经与今文经作对比后，却发现古文经的文字比今文经更加完整，也就更加接近经书的本来面目。其二，像《左传》这样的古文经解，它产生的时代早，因此解经的文字也就更加接近圣人的旨意。另外《左传》解经之言平实而不虚套，不像今文经解，往往存在过度阐释的嫌疑。刘歆的这番责备，让今文经博士们大为恼火，与刘歆展开论战。今文各经在太学中的地位已经非常稳固，而刘歆只是一人单打独斗，皇帝一看斗争双方的实力相差甚大，于是就赶紧把刘歆发配到外地，让他暂时避避风头。

但刘歆运气还是不错的。西汉末年，外戚专权。哀帝时，王氏家族把持朝政，王莽的权势也越来越大。到平帝时，王莽直接成了“摄皇帝”。王莽和刘歆曾经一同做过黄门郎，两人是好朋友，且王莽十分佩服刘歆的学问。王莽主政之后，刘歆终于扬眉吐气了，他建议把《左传》立为官学，在太学中设立《左传》博士，王莽全部同意。王莽建立新莽政权以后，刘歆也为王莽出谋划策，为其恢复周代的礼仪制度贡献了自己的聪明才智。跟着王莽混，刘歆部分地实现了自己的学术理想，但随着王莽政权的瓦解，刘歆所维护的古文经学也被迅速拿下。

西汉与东汉之交的动乱在光武帝刘秀的铁骑下重归太平，为了尽力摆脱王莽政权的影响，刘秀刻意将王莽所推崇的事情来个彻底的翻转。刘歆努力争取到的古文经立于学官的局面，也在短暂的兴盛之后，沉寂下来。

2.《孟子》升经的过程

知道一些中国古代文化的人大概都晓得孔子是个大圣人，孟子紧随其后，被称为亚圣。孔子的地位自然无人能敌，但孟子成为亚圣，却有点不知来龙去脉。在唐代中期以前，大概只有东汉的赵岐在其著作《孟子章句》中，对孟子推崇得无以复加，直称其为亚圣。其他人对待孟子，只是把他当作先秦儒家之一员来对待，并没有更多的赞誉之词。《孟子》一书跟孟子本人的待遇类似，在各种图书目录中，也一直待在子部儒家类里，扮演着一个平淡的角色。

这样的平淡日子，到了唐代中期开始被打破。经过了一番暗流涌动，到北宋初年，孟子和《孟子》被卷入政治漩涡，成为当时的大儒们争相尊崇的经典。其身份也由诸子之书一下子成为兼经，也就是经书的组成部分。这种身份的跨越，不可谓不大，而这个跨越的背景和过程，也完全可以称得上是波澜壮阔。

《孟子》的地位突然得到提高，往高深里说，的确是时代思潮的选择。两汉时期虽然以儒学为统治思想，但东汉末年，统一了四百多年的王朝突然崩塌，接着天下三分，两晋南北朝又接踵而至，烽火连天，战争不断，各个小政权维护自身生存尚且不暇，怎么会有心力加强统治思想这类上层建筑？而对于个人而言，在风谲云诡的大时代面前，个体的渺小与无力暴露无遗。既然无法撼动社会，那么，将思考的主体转向自我的内心便成为很多人的选择。魏晋时期崇尚玄学就与这种风尚有关。而西来的佛教又以其精深的义理和救苦救难的慈悲面目吸引了从上层文人到民间市井的目光。在玄学和佛教的冲击下，儒学中只剩下礼学一脉因为在实践层面还有些现实指导意义而硕果仅存。

隋朝国祚较短，暂且搁下不表。到唐代建国，因为唐的统治者姓李，而道教的始祖老子也姓李，于是，他们便攀起亲戚来，说自己是老子的后代。这样一来，道教得到了极大的推崇。而武则天又崇信佛教，后来的皇帝中也不乏佛教支持者。这就导致了唐代佛、道二教的昌盛。儒学虽然仍是官方学术，但其地位却没法和汉代相比，只能委屈地和佛、道鼎足而立了。

到了中唐，有些儒生开始感觉到问题的严重性了，儒学怎么能和佛、道这样的异端平起平坐呢？儒学在大众心目中的地位应该比佛、道要高出很多才行啊，儒学怎么到了现在这个地步呢？反思过后，儒生们发现，之所以出现这样的局面，是儒学本身的缺陷所致。儒学的理论结构偏重外在的宇宙观、政治观的构建，而缺少个体的内心世界的挖掘。而佛、道二教在对人的内心世界的开掘上可谓纤毫不遗。

面对强劲的敌人，儒学的卫道士们必须找到武器，予以反击。他们从儒家经典中翻检出《孟子》，惊喜地发现，《孟子》里讲的人性观、与个人心性修养有关的言论，完全可以拿来建设儒家自己的心性之学。唐代宗时期的礼部侍郎杨绾首倡《孟子》，要求将《孟子》作为经书看待，不过皇上当时并没有理会。之后，更为强大的儒学宗师韩愈上场了，他充分发挥孟子的学说，并认为孟子是真正得到孔子真传的人。在韩愈建立的道统中，孔子之后，有曾子、子思，而孟子则是私淑于子思的（所谓的私淑，就是子思没当面教过他，但是他仍然把子思当老师看待）。孟子之后，道统就断掉了，直到我韩愈出现，这道统才得以重新续上。所谓的道统，就是天地之至道自产生以后，由一个接一个的圣人在人间流传，由此形成的所谓道的传承系统。韩愈之所以如此看重自己，大概也是受了孟子的影响。孟子有“当今之世，舍我其谁”的豪言壮语。连在战国时期没有真正做成什么事情的孟子都这样讲了，韩愈作为当时朝中的重臣，更加有资格向他的偶像孟子学习，说一句，当今之世，只有我韩愈才能继承道统！

韩愈对孟子的推崇没有打动崇信佛教的唐宪宗，但他所写的一系列维护道统的文章，因为其激昂的斗志与严谨的逻辑而影响了同时代与后世的一大批儒学捍卫者。到了北宋中期，出现对《孟子》推举最为有力且最有成效的一个事件，这就是王安石的熙宁变法。

王安石的熙宁变法是整个宋代最波澜壮阔的一次变法改革，涉及宋代社会的方方面面，其中，在科举考试领域，王安石的改革也可谓用心良苦。熙宁四年，王安石在神宗皇帝的支持下，拟定了新的科举考试方法，规定参加进士科举考试的，任选《诗》《书》《易》《周礼》《礼记》中的一种，谓之“本经”；并兼制《论语》《孟子》，谓之“兼经”。兼经的意思，就是士子在参加科举考试的时候，除可以自主选择考试的经书之外，还必须参加兼经也就是《论语》和《孟子》的考试。须知天下读书人都是学而优则仕的，不读《孟子》就无法通过科举获得官职。这种官方规定的引导，使得全社会的读书人都开始研习《孟子》。

王安石为什么要如此推举《孟子》呢？首先，这大概跟他所处的时代有关。王安石生活的北宋中期，社会积贫积弱，外部北方契丹人、党项人威胁挑衅，内部经济制度、军事制度的弊病丛生，推行变法、改革旧制成为整个社会的诉求。王安石身处社会变革的漩涡，自然就会欣赏孟子“当今之世，舍我其谁”的气魄。其次，王安石要变法，要冲破重重阻力，必须要为自己的变法寻找理论上的根据。孟子的思想中，有这么几点十分契合王安石的需要：第一个是变法的合理性，孟子讲，人要懂得权衡，只讲原则性，不懂灵活性是不能处理好事情的，这就为变法提供了依据；第二个是孟子对于井田制的推崇，这使王安石找到了土地改革的理论依据，并由此颁布了方田均税法。

王安石与孟子可谓是心有戚戚焉，他作诗以言志："欲传道义心虽壮，学作文章为己穷。他日若能窥孟子，终身何敢望韩公？"直接就将自己在道统中的位置放在了孟子之后，而把之前也推崇孟子的韩愈放在一边。

王安石的变法最终因为用人不当且遭到保守派的反对而以失败告终，但是《孟子》作为经典的地位却保存了下来，且被后来的程朱理学，特别是一代圣人朱熹发扬光大，成为儒家经典中解释心性之学的最高经典之一。

第三章，兴衰镜鉴话史部

一、何谓史书

1. 史官与史书

史书的出现，从时间上看要大大早于经书。因为经书这一概念完全是意识形态的产物，而历史和记录历史的史书，则是现实的存在。意识形态的出现总要晚于现实的发生，所以，在经书产生之前很久的先秦时期，史书就已经作为官方档案留存下来。而且，就性质而言，到明清时期最终形成的十三经中，以《左传》为代表的经书，完全可以算作史书的一种。

历史是由时间造就的，所有的人和事都是从历史中走来，又在当下创造着新的历史。而记录这些历史的人，在古代中国，是身份并不高贵的史官。中国的古代社会是个贵族的社会，在中央和地方，围绕在贵族身边的官员就包含了大大小小的史官。“左史记言、右史记事”，史官的责任是记录贵族的言行举止和国家发生的大事。除此之外，先秦、秦汉的史官，还负有仰观天象、俯察地理的职责。《史记》的作者司马迁当时就是汉武帝的太史令。他在描述自己的职责和地位时，曾这样概括，“仆之先人非有剖符丹书之功，文史星历，近乎卜祝之间，固主上所戏弄，倡优所畜，流俗之所轻也”。司马迁感叹自己的祖上并没有什么值得大书特书的功劳，而自己执掌的文史、星象之责，又跟那些装神弄鬼的占卜者一样，并不为皇帝所看重，即使是民间流俗之人，也把他们这些史官和那些蓄养在达官贵人家中供人取乐的倡优等同。

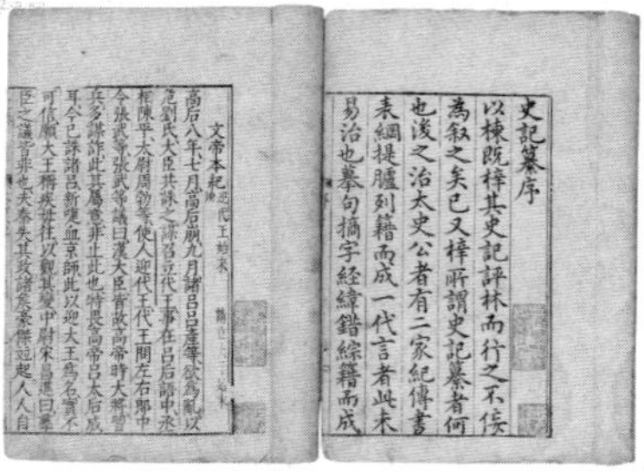

《史记》书影

当然，司马迁之所以有这样的遭遇，是因为他所侍奉的汉武帝，是一位意在开疆拓土、富强国家的皇帝，对于文史，自然不那么重视。随着后来几个统一王朝疆域的逐渐稳定，文化的意义在国家政治中占的比重越来越大，史官与史书，便不再人微言轻。毕竟，任何一位有自尊心的君主都很看重后世人对自己的评价，而后人评价的根据，就是史官记录的史书，因此，重视修史，也就演变成了盛世修史。不仅修前朝史以伸张自己对前朝的评判，而且也要修本朝史，以便为自己留下一个好名声。

史官的选择，在司马迁时并不需要专门的选拔，因为史官是一个世袭的职位。司马迁就是继承了他的父亲司马谈担任太史令的。史官之所以世袭，是因为史官要掌握的知识非常多样且复杂。从识文断字到记录事件，从观测天象到制定历法，哪一件事都不是短时间内能学会的，需要一个长时间的学习与积累。因此，史官的家传世袭，也就不可避免。

后来随着教育的普及与史官职能的分化，有更多的士子得以进入史官的行列。唐代的史官就包含三大类。第一类是记注官，这类官员和朝廷其他官员一样，有明确的职责，其主要任务是负责起居注的撰写，因此官称为起居郎和起居舍人，有固定的俸禄和品级。第二类是专职修史机构的史官。唐朝初立时，史馆制度尚未完善，所以临时设立了秘书内省，负责修撰唐代之前的五代史，即《梁书》《陈书》《周书》《北齐书》和《隋书》。随着史馆制度的建立和完善，秘书内省被废除，史馆中的监修、修撰和直馆取而代之，负责修史，这种制度一直延续到唐末。不过，在史馆里修史的这些史官，他们虽然也有固定的俸禄、品级和职责，但却没有固定的官员身份。一旦负责修撰的史书完稿，他们也就没有了职务，就像现在的临时工一样。还有一类是比较闲散的非专职修史机构的史官，包括著作局的著作郎和著作佐郎。他们虽然也参与史书的修撰，但主要职责不再是编修史书，而是在朝廷需要时撰写一些碑文和祝文。这三类史官的设置，使得唐代的史官团体得以壮大，加之史馆监修往往由宰相担任，史官的集体地位也得到了很大的提升。

与此同时，能够接触史料的人越来越多，民间也兴起了修史之风。史书的数量到魏晋南北朝时期一下子多了起来，其中民间修撰的史书占了很大比重。而要论这股风气的开端，其实与官修史书一样，都得从司马迁说起。司马迁虽然是史官，但撰写《史记》并不是他分内的事，而是他的自觉行为，因此，这部史书，也算不得官修史书。即使是第一部真正的官修史书——班固的《汉书》，起初也不被官方允许，不过后来皇帝看他写得还不错，才将此书的性质由私人撰写变成官方修定。到了唐代，官方明确表示民间不准修正史，因为这牵扯到对前朝历史的基本评价。这个评价标准，官方是不会允许由民间来制定的。所以，在史部的分类中，我们可以看到凡是官修的史书都列入正史类，凡是私人修纂的大都列入杂史。

当然，正史的内容相对杂史是要可靠一些的，因为历代史官编修史书，并非临时起意，其书写的根据也不是自己的记忆，而是历朝史官记录下来的皇帝的起居注。起居注也是史书题材的一种，说得通俗一点，就是我们小时候记日记经常会写的流水账。皇帝在某年某月某日做过什么事，见过什么人，讲过什么话，事无巨细，都要一一记录。到这朝天子去世后，之后的皇帝就会要求史官写国史，而这国史的主要内容，就是从起居注中获得。私人修纂的杂史也并非全无依据，能够撰写史书的人，往往在朝廷中担任官职，对朝廷发生的事情有较全面的了解和认识，或者就能看到很多类似起居注一样的资料，比如担任国史修纂官的文职官员。如明末清初的钱谦益就曾任国史修纂官，他借此机会看了许多明代开国时代的档案文书，由此才修撰了《明史》。可惜的是，这部未完稿在一场大火中毁于一旦，也打消了钱谦益重写《明史》的念头。

私人纂修史书在明代特别流行，而且尤其流行当代人写当代事。这种风气的直接源头是南宋时人所修的三部当代史，即李焘的《续资治通鉴长编》、李心传的《建炎以来系年要录》和徐梦莘的《三朝北盟会编》。这三部书在时段上延续了北宋司马光主持编写的《资治通鉴》，并且在写作格式和体例上也多有借鉴，质量较高，遂成为研究宋朝不可或缺的重要史书。到了明代，私人纂修史书最有代表性的莫过于谈迁的《国榷》。谈迁写这部史书有他的想法，他认为，明代历代实录的编写，往往为了给皇室避讳而失真，是非不分，当时已经出现的几部《明史》又没有较高的质量，因此谈迁萌生了为明朝写一部信史的念头。所谓信史，就是原原本本地记录事件发生的真实面貌。这一做法看似简单，但实际上历朝历代的史书大概没有哪一部能够真正做到真实记录。谈迁的书稿完成后不久，家里就遭遇了盗贼，书稿被偷走，让谈迁悲痛欲绝，但他痛定思痛，重又发愤著述，经过了大约三十年的时间，最终完成《国榷》的撰写。

当然，除了上文中提到的正史、杂史、起居注之外，史书的种类还有很多，如别史、载记、政书、诏令奏议、地理、史评等。这样繁多的门类，相比经书的世界是丰富得多了。

2. 秉笔直书的史书风格

从《春秋》开始，历史的书写就树立了秉笔直书这一最基本的信条，秉笔直书不仅表达了史家对历史的尊重，也伸张了史家的个人气节。一方面，历史记录需要确切的描述，另一方面，史家又不是一个单纯的刻录机。作为有自身价值判断的个体，在撰写史书的过程中，史家需要对历史材料做适当的裁剪，以体现自己的历史观。这两个方面的要求催生了历史书写的两条基本原则，即实录与春秋笔法。两者都可称之为秉笔直书，但又存在一定的差异。

先秦时期，特别是春秋时期，周王朝礼崩乐坏，渐趋末路。礼法不再为各诸侯国所遵守，僭越礼制、违背礼法的现象时常发生。面对这样的社会乱象，周王朝与各诸侯国的史官尽管忧心忡忡，但仍然尽力维护。在先秦的史书《左传》中，就记载有这样几位史官，他们的行为，经常得到后人的称道。

最为有名的大约是《左传》里一个名叫董狐的史官。董狐是晋国人，晋国有一年发生了一件大事，当时的执政卿赵盾与晋灵公不和，晋灵公在酒席上设了伏兵，要杀掉赵盾，但赵盾命大，逃了出来，而他的堂侄（一说堂弟）赵穿却追上灵公，将其杀害。董狐知道这件事之后，在史书上记了这样一笔，“秋，九月乙丑，晋赵盾弑其君夷皋”。夷皋是晋灵公的名字。对于董狐将杀晋灵公的人写成赵盾而不是真正的凶手赵穿一事，孔子给了董狐非常高的评价，说他是“古之良史也”，因为他“书法不隐”。孔子所说的“书法”，就是史书写作的规范。当时，赵盾身为晋国一人之下万人之上的执政卿，没有因为赵穿杀了晋灵公而逃到国外，也没有追究赵穿的过失，这等于是放纵了赵穿弑君的行为，所以董狐根据当时的“礼法”对赵盾做了是非功过的判断，才使得史书记载中杀灵公的人变成了赵盾。

在董狐之后，《左传》还记载了齐国的权臣崔杼弑其君齐庄公（名光）的事情。试想当时崔杼作为齐国呼风唤雨的大人物，怎么能允许史官将他弑君之事记录下来呢？翻看后面的文字，才知道这几个字的记录流传，原来是两个史官用生命换来的。当时齐国的太史很正直，他如实地写下“崔杼弑其君”后，崔杼把他杀了。他的弟弟继承了哥哥的官职，还是这样写，崔杼又把他杀了。闻讯而来的是那位太史的另外一个弟弟，他仍不改前面两位哥哥的写法，使得崔杼不得不放弃掩盖自己罪行的努力，给了继任的这位太史一条生路。

董狐和齐国的三位史官之所以得到很高的评价，是因为他们运用了所谓的“书法”，借微言以伸张礼法之大义。这个微言大义的体现，在于记叙的不同。先秦时，与杀相类似的词有很多，如刺、弑、戮、戕等。刺是君杀大夫，弑是臣杀君，戕是他国臣来弑君。董狐和齐太史用“弑”来记载赵盾间接杀掉晋灵公和崔杼杀害其国君，渗透的是史家对赵盾和崔杼的善恶褒贬。后来孔子修《春秋》时，把这种寓褒贬于用字的方式运用得更加娴熟，被后世称作“春秋笔法”。在历代所修正史中，“春秋笔法”也得到了切实的运用。南朝刘宋的史学家范晔所作的《后汉书·帝纪》里，就有多处通过“春秋笔法”表达幽微之情的例子。如在《后汉书·桓帝纪》的史论中，范晔写道:“桓帝好音乐，善琴笙。饰芳林而考濯龙之宫，设华盖以祠浮图、老子，斯将所谓‘听于神’乎!”所谓“听于神”，是取自《左传》“国将亡，听于神”之意。范晔概括桓帝之一生，并委婉地点出这是国家将亡之兆，是春秋笔法的典型用例。

春秋笔法在历代的史书修纂中都有运用，它所依托的是当时社会的普遍意识形态。之前讲到的春秋时期礼崩乐坏之时，史家特重礼法，所依托的就是周代的礼制。到了南宋时期，特别是理学兴起之后，朱熹等人写作史书，也特别看重春秋笔法与微言大义，但此时所谓的大义已经不是所谓的礼法，而是他们推崇的天理。朱熹的《资治通鉴纲目》一书，就明确表示，“凡古今难制之变，难断之疑，皆得参验稽决，以合于天理之正、人心之安，而后世权谋术数利害苟且之私，一毫无得参焉”。朱熹的观点，特别强调了史家在修史中的主体地位。虽然他本人因为学养丰厚，不致乱言，但流风所及，却使得史书变成了史论，现实的历史记录反而失去了应有的地位。

而作为直书其事的“实录”一派，遵循的是对历史的真实记录。特别是清代乾嘉考据学兴起之后，学术实现了与政治的初步分离，对于史实的探求成为研究历史的最高追求。《廿二史考异》的作者钱大昕就讲道：“史非一家之书，实千载之书，祛其疑乃能坚其信，指其瑕益以见其美。……惟有实事求是，护惜古人之苦心，可与海内共白。”就是说，史家在记录历史时，唯一应该做的就是保留历史的真相；只要搞清楚事件的来龙去脉和个人的行事举止，其中的善恶自然就会呈现在众人眼前，无需史家发表自己的见解。

然而历朝历代所修之《实录》，虽然标称为真实的记录，但迫于种种压力，史官是很难做到实事求是的，为尊者讳、为亲者讳的情况还是时有发生。明代的谈迁之所以发愤撰写《国榷》一书，就是因为有感于明朝《实录》记载之不实，想要为后世留下一部真正的《明史》。

从上文中，我们粗略地了解了史书记载所遵循的秉笔直书的标准。在现实世界中，秉笔直书作为一种最高标准，往往难以达到。对史实记载的真实程度取决于史家的史学，对史料的合理加工程度取决于史家的史才，而对历史发展线索的把握，则取决于史家的史识。正因为如此，秉笔直书也成了历代史家孜孜以求的著史之最高境界。

二、史部的分类及书目举例

在四部分类法的形成过程中史部算是比较晚熟的一个。当刘歆的《七略》写成时，经部、子部、集部都已经有了自己单独的分类，但史书的数量实在是太少，只能跟在《七略·六艺略》的《春秋》经之后，做它的小尾巴。但就是这个小尾巴，成了后世史部的萌芽，在魏晋的烽烟岁月里茁壮地成长起来。

1. 史部分类的演变

曹魏时期，有个叫郑默的秘书郎，将皇室的藏书整理成一部目录书，命名为《中经》。西晋时候，具有同样身份的荀勖撰写了一部新的典籍目录，名称也学了郑默的《中经》，称为《晋中经》或《晋中经簿》。为了将两者区别开，习惯上就叫荀勖的这本为《中经新簿》。

荀勖的《中经新簿》在中国目录学史中地位很重要，因为它初步创立了四部分类法。不过荀勖并没有给经、子、史、集四部起名字，只是用了甲、乙、丙、丁来称呼它们。丙部，也就是史部，被排到了子部之后。

到东晋人李充编制的《晋元帝四部书目》，史部就被列为乙部，排在了子部前面。这种变化出现的原因，无非是史部书大量增加，且地位也愈加重要。自此以后，史部的地位一直没有变化，直到清代的终结。

史部的晚熟，不仅体现在出现和确立的时间上，也体现在内部类目的不断变动上。在《隋书·经籍志》以前，《皇览》这本类书曾短暂地出现在史部，谱牒和地理书这两种与历史关系密切的书却归入了子部。细查其原因可知，当时的类书，其主要内容是分类汇编旧言故事，与史传相似，所以荀勖才将它归入到史部。后来，随着同类书的渐次增多，其内容主体由故事变为文章，与历史的关联也就越来越远，因此，到了《隋书·经籍志》里，像《皇览》这样的类书就被归在了子部杂家类。而谱牒和地理书，它们在秦汉时代的身份并不单纯。谱牒与历法相关联，被置于《七略·数术略》的历谱类，而地理书则因与堪舆、四方风物方面的知识相关，被列在《数术略》形法类。当整个社会对知识的分类有了更加深入的认识之后，谱牒也就不再跟随历法，地理也脱离了带有迷信色彩的用途，转而成为历史的一部分。

《隋书·经籍志》的史部共分十三类，包括正史、古史、杂史、霸史、起居注、旧事、职官、仪注、刑法、杂传、地理、谱系、簿录。

所谓正史，其体裁为纪传体，作者为朝廷史官，如《史记》《汉书》《后汉书》《三国志》等。所谓古史，实则是编年体史书，如东汉荀悦的《汉纪》。因为语意不明，所以后来的目录书就将“古史”改成了“编年”。所谓杂史，顾名思义就是非正规的历史记录。这些史书的作者，既包括有感于世事变易而希图存亡继绝的社会上层人士，也不乏街谈巷议、虚构演绎皇帝大臣故事的世俗文人。这类史书的可信度不能一概而论，但是，在史料留存并不丰富的时代，这些史书还是能填补很多历史的空白。

霸史，《隋书》中所记录的主要是西晋以后在北方先后建立的几个少数民族政权的历史，如《南燕录》《凉书》《十六国春秋》等。这些少数民族政权虽然事实上统治了汉族的中心区域——中原地区，但在汉族本位心态的汉族政权看来，他们仍然是外来的入侵者，而且每个政权持续的时间并不长，更像是动乱的制造者。所以，修《隋书·经籍志》的唐代史官没有将其列入正史，而是别列霸史一门，安置记录这些政权的史书。到后来，霸史曾改为伪史，最终在《四库全书总目提要》

中被称为载记。

以上几类史书，虽然著述体例有别，但都部类完善，自成体系。起居注则是一朝皇帝的言行举止与国家大事的流水账式记录。接下来的旧事、职官、仪注、刑法等类目，相对正史、古史等，更加具有专门史的意味。

所谓旧事，指的是前朝的礼法与制度。中国的社会传统向来是继承高于创新，所以先代讨论典章制度的理论与实践，对后代往往具有很大的借鉴意义。记录旧典以为借鉴，遂成为史籍中单独的一类。职官、仪注、刑法这些听上去烦琐细碎的类目，在当时却是一个国家维持正常运作的主要支柱。即使是在现代历史学中，对古代官制与法制的研究仍然是两个相当重要的领域。官制和法律的制定体现了一个王朝上层执政的主要思路和权力分配的方式，同时官制和法律的变动通常是非常频繁的，理清这些变动的先后顺序与具体原因，才能够更加细致地把握历史浪潮中发生的某些变动与转折。

接下来的杂传是很有意思的一个类目，它既包括了像《海内先贤传》《陈留耆旧传》等人物传记，也包括《太原王氏家传》《曹氏家传》等家传，还包括《搜神记》《冤魂志》《灵异记》等神异小说。在后来的目录书中，如《四库全书总目提要》，人物传记仍然是归于史部传记类，但《搜神记》《冤魂志》这样的神异小说，就已经移入子部小说家类了。《隋书·经籍志》子部本来是有小说家的，但是为什么这类神异记会被放在史部杂传类呢？其中原因，大概如鲁迅所说，“盖当时以为幽明虽殊途，而人鬼乃皆实有，故其叙述异事，与记载人间常事，自视固无诚妄之别矣”。就是说，当时人以为人鬼虽然殊途，但鬼神的存在是毋庸置疑的，所以写鬼神的传记就和写人的传记放在了一起。

杂传之后的地理类书目，经历了从汉代到隋代的演变，其性质也逐渐从风水相术之书转变为纪实性地讲述各地地形风物的史书。如法显的《佛国记》、圈称的《陈留风俗传》等。另外，地理类的书籍中，还有类似现在旅行游记一类的书，如薛泰的《舆驾东行记》、诸葛颖的《北伐记》，虽然其中的内容并不是轻松休闲的旅行，但能够记录沿途的地理地形、道路行程和所经之地的名物风俗，也颇有趣味。

谱系之书，直到唐代仍然是备受社会重视的书籍。东汉末年，重又兴起的世家大族将门第族属标榜为个人身份地位的重要标签，家族谱系成为社会上人人热议的话题。魏晋南北朝以至隋唐，这股风气都没有消退。因此，在《隋书·经籍志》中，谱系之书也占据了史书的小块江山，揭示着那个时代的社会风尚。

史部的最后一类是簿录，著录的是唐以前的官修目录书。在宋代以前，所有的书都要靠手写手抄来流传，所以书籍是非常珍贵的。因为珍贵，所以民间能看到的书不多，大多数都集中到了朝廷和官员手中，因此，目录书这种东西，也只有官方才有实力修撰。只是竹简或者纸质的书籍，因为材质的脆弱，往往遭遇各种灾难。在兵、虫、水、火的侵蚀下，书籍散佚大半，那些能够留存到现在的，真可谓是幸运之至了。浙江宁波的天一阁藏书楼，为明代范钦初创。之所以命名为“天一”，就是取《周易》“天一生水”之意。书楼最怕火，以“天一阁”大字镇楼，兼在楼前蓄“天一池”水，使“天一阁”保持了从明中叶至今从未罹灾的纪录。

天一阁

2. 史部各类书目举例

《隋书·经籍志》分史部为十三类，上一部分已经一一列举了。到《四库全书总目提要》时，四库馆臣在吸收历代目录著作分类的基础上，对史部做了进一步的调整，将史部分为十五类，分别是正史、编年、纪事本末、别史、杂史、诏令奏议、传记、史钞、载记、时令、地理、职官、政书、目录、史评。两相对照，可以看出《四库全书总目提要》将古史的名称改为编年，还原了它的真实面目；增加纪事本末、时令、史评，以适应新产生的史书体例；设立别史，沿袭南宋陈振孙的方法，将上不至于正史，下不至于杂史的史书罗列在此；其他类目则与《隋书·经籍志》大同小异。

史书的部头往往很大，在六经当中，《春秋》就以二十多万字独占鳌头，成为字数最多的经书。而《春秋》从本质上讲是一本史书，这也就显示出史书因记事详细、网罗全面故而字数较多的特点。也是因为这个原因，在史书举例这一节，对正史、编年、纪事本末、别史、杂史这几类，就不再列举，主要看内容较少而很有特色的。

先看诏令奏议。诏令是皇帝下达的命令，奏议是臣子向皇帝提出的问题或建议。唐代之前的诏令奏议大多保存在正史中。唐代的诏令，有宋人宋敏求所作的《唐大诏令集》。宋代的诏令集即《宋大诏令集》，编者不详，包含了北宋九朝共三千八百多篇诏令。这些诏令分门别类，按年月编次，分为帝统、皇太后、妃嫔、亲王、皇女、宰相、典礼、政事等十七门，其中典礼、政事两门类目既多，且卷帙浩繁。

诏令的文体，有制、册文、诏、书等。下面列举的是一篇制文和一篇册文。

《赵怀德赠开府仪同三司追封怀化郡王制》：

> 门下斋坛登拜。生而极体貌之隆，密印追封；殁则致哀荣之备，膺兹异数，属我信臣。
>
> 雄武军节度使、检校司徒、顺□郡王赵怀德，性禀忠醇、气资沈鸷。擅颓当之勇，而志慕中国；砺日磾之节，而名闻外庭。奉国籍以款关，蚤承殊眷；练韬钤而捍塞，久赖壮猷。遽览讣音，申加赠典。进视宰司之重，就更王爵之崇。并锡恩荣，益彰悼念。九原光宠，岂徒依责于英魄；万里风声，庶用招怀于犷俗。体予至意，尚克歆承。可特赠开府仪同三司、追封怀化郡王。余如故。

赵怀德原名叫陇拶，他是西北地区吐蕃族唃斯啰政权的后代。北宋徽宗崇宁年间，唃斯啰政权陷入纷争。北宋王朝为了保持边疆稳定，就对投奔北宋的陇拶实行拉拢政策，并为其赐名赵怀德。这篇制文是赵怀德去世之后，朝廷为褒奖他的功劳，特地追赠他为怀化郡王的诏令。

《册贵妃沈氏文》：

维嘉祐八年，岁次癸卯。二月癸酉朔，二十一日癸巳，皇帝若曰：夫国风之始，以厚天下之大伦。阴教之修，以助王者之正道。顾予凉昧，奉若基序。眷言别掖之英，逮事先帝之室。维年德之并茂，且名秩之未称。稽来往册之懿，登冠列妃之华。咨尔德妃沈氏，渊粹惠闲，柔明端靓。幼蹈仪矩，不待姆师之训。初被选纳，盖出公相之族。鸣玉节动，陈诗戒盈。展如邦之良媛，嶷然天与遐福。朕仰钦圣烈之余，俛怀宫籍之旧，维尔有辅佐之力，早经于大谋。维尔有浣濯之工，下式于群御。兹庸表迪懿，实敷锡徽数。亚于轩龙之象，不谓不崇。衣以褕翟之衣，不谓不宠。备物既渥，蠲辰既良。咨合佥谋，答扬显命。今遣使礼部侍郎、参知政事欧阳修，副使、枢密副使、左谏议大夫胡宿，持节册命尔为贵妃。于戏！内治起化，外姻戒权。相祭祀以时，则有周家之礼在。斥险谒之行，则有汉史之论明。当识恩礼之来，以绥贤令之止。遂永终誉，不其美欤。

沈贵妃之封是在宋仁宗赵祯嘉祐八年，也就是赵祯做皇帝的最后一年。从这篇册文可以大致了解这类晋封文的体例和骈体文在官样文章中的应用。

地理类史书，时间越久远则内容越繁复，《四库提要》中所列的地理类下的小类，包括都会郡县、边防、杂记、外纪、总志、山川。这些史书包罗万象，不仅有山川地形、道路短长，而且还有人情风貌、神仙神异。这样丰富的记载当缘于地理的记录与考察，也离不开历史人物的行踪和历史事件的展开。接下来要举的两本书，都是富有情感气息的著作。

宋李格非《洛阳名园记》“董氏东园”条：

董氏以财雄洛阳，元丰中少县官钱粮，尽籍入田宅城中二园。因芜坏不治，然其规模尚足称赏。东园北向入门，有栝可十围，实小如松实，而甘香过之。有堂可居，董氏盛时，载歌舞游之，醉不可归则宿此数十日。南有败屋遗址，独流盃寸碧二亭尚完，西有大池，中为堂，榜之曰含碧。水四面喷泻池中，而阴出之。故朝夕如飞瀑，而池水不溢。洛人盛醉者，走登其堂辄醒，故俗目曰醒酒池。

李格非是北宋哲宗时人，官至礼部郎、提点京东刑狱。这本书记录了他在洛阳目见身历的十九所园林。李格非对园林赋予了很高的定位。他说，天下的治乱兴衰，可以从洛阳的兴衰观察到，而洛阳的兴衰，可以从园林的兴废观察到。所以，写这本书不仅是记录当年的那些名园，更是追忆以往那些贤佐名卿因功业卓著、国家安定而燕然游园的安乐祥和。

宋孟元老《东京梦华录》卷三“相国寺内万姓交易”条：

> 相国寺每月五次开放，万姓交易。大三门上皆是飞禽猫犬之类，珍禽奇兽，无所不有。第二、三门皆动用什物，庭中设彩幕露屋义铺，卖铺合、簟席、屏帏、洗漱、鞍辔、弓剑、时果、腊脯之类。近佛殿，孟家道冠、王道人蜜煎、赵文秀笔，及潘谷墨，占定，两廊皆诸寺师姑卖绣作、领抹、花朵、珠翠头面、生色销金花样幞头帽子、特髻冠子、绦线之类。殿后资圣门前，皆书籍玩好图画及诸路罢任官员土物香药之类。后廊皆日者货术传神之类。寺三门阁上并资圣门，各有金铜铸罗汉五百尊、佛牙等，凡有斋供，皆取旨方开三门。左右有两瓶琉璃塔，寺内有智海、惠林、宝梵、河沙东西塔院，

乃出角院舍，各有住持僧官，每遇斋会，凡饮食茶果，动使器皿，虽三五百分，莫不咄嗟而办。大殿两廊，皆国朝名公笔迹，左壁画炽盛光佛降九曜鬼百戏，右壁佛降鬼子母揭盂。殿庭供献乐部马队之类。大殿朵廊，皆壁隐楼殿人物，莫非精妙。

《东京梦华录》是南宋孟元老回忆北宋东京开封繁盛景象的著作。他按照开封城的方位，以地名为中心，介绍周围的建筑和相关的节日、风俗、商业等各类活动。这条“相国寺内万姓交易”的描述，足以让我们对当时商业的发达程度叹为观止。

《清明上河图》(局部)

三、史书逸事

1. 玄武门之变的因缘

一个旧王朝面临崩溃，而新王朝正在崛起，弥漫中华大地的战火硝烟久久不愿散去。这硝烟，模糊了历史的面貌，麻痹了人们的意识，也给历史的记录者提供了可乘之机。真相，往往只剩蛛丝马迹，而编造的假历史，则堂而皇之地摆在那里。各式各样的史书，就这样真假混杂，然而假历史的编写，无论如何都会有漏洞，只等待着人们带上火眼金睛，去辨识什么才是历史的本来面目。

玄武门之变，是唐太宗李世民走上皇帝之位的关键一步。作为高祖李渊的第二个儿子，李世民无法打破“立子以嫡不以长，立嫡以长不以贤”的祖训，也不能撼动太子，也就是自己的哥哥李建成的地位。为了实现自己的帝王梦，李世民于情势危急之下，选择发动政变，结束了太子李建成与弟弟李元吉的性命，逼迫自己的父亲李渊退位，终于坐上了皇帝的宝座。

然而，玄武门之变却是登基之后的李世民心里最深的痛。当事件渐渐平息，李世民忍不住召见朝廷的史官，要求知道他们将如何记录玄武门之变，而史官就在李世民的压力下，选择了按照主上的心意，重新塑造了玄武门之变的因缘。于是，关于大唐王朝建立前夕的许多事实就无可避免地发生了扭曲，即使是历来评价颇高的五代后晋刘昫等编撰的《旧唐书》、宋代欧阳修编撰的《新唐书》以及司马光编撰的《资治通鉴》，也概莫能外。幸运的是，唐王朝建立之前，李渊父子帐下重臣温大雅如实书写了《大唐创业起居注》，入唐之后也没有遭到篡改，才使得李世民欲盖弥彰的史实有了可资对照的记载。

《旧唐书》《新唐书》《资治通鉴》无一例外地将登上皇位之前的李世民塑造成一个能征善战、有勇有谋，却被无能的太子李建成和心思狡诈的弟弟李元吉无端陷害的人。在李渊父子屯兵太原，意欲起兵这样重大的决策上，《旧唐书》《新唐书》《资治通鉴》等皆以为是李世民和刘文静、裴寂的主谋与策划，而李渊只是被动接受，甚至当李世民告诉李渊他的谋划时，“渊大惊曰：‘汝安得为此言，吾今执汝以告县官！’因取纸笔，欲为表”，完全是一副不明就里的模样。而温大雅《大唐创业起居注》的记载则完全不同，当是时，李渊被任命为太原道安抚大使，就有以太原为基地夺取天下政权的心思。隋大业十三年（617），李渊任太原留守时，与李世民言："唐固吾国，太原即其地焉。今我来斯，是为天与。"起兵之前，李渊又言"隋历将尽，吾家继膺符命"。这些都清楚地表明了太原起兵是在李渊的主持下进行的。

其次，史书载李渊曾两次许诺李世民，待建国之后，当立其为太子。第一次在太原起兵之前，"上之起兵晋阳也，皆秦王世民之谋，上谓世民曰：'若事成，则天下皆汝所致，当以汝为太子'"。前段已述李世民谋划起兵之事不实，所以这次许诺自是无中生有，不能成立，并且第二年李渊称帝，明确立李建成为太子，因此这个许诺不攻自破。第二次许诺，是在唐武德七年（624），李渊派李世民去平定杨文干叛乱时，允诺"还，立汝为太子"。杨文干是李建成手下的人，曾私募壮士输送东宫，后来事发，李建成被李渊软禁，杨文干起兵造反，被李世民镇压下去。此事虽然让李渊对李建成心生不满，但皇储不可轻易废立，李渊不会不知。此外，李渊对李世民的举动，也早有不满。李世民在打下洛阳之后，居功自傲。不仅开设文学馆，笼络谋臣处士作为智囊，并以洛阳为基地扩充自己的力量，构成对李渊帝位的威胁。李渊曾对裴寂等人言："此儿典兵既久，在外专制，为读书汉所教，非复我昔日子也。"可见对李世民长期掌握兵权并不放心。由此看来，李渊并未想过让李世民做太子。

再次，关于李建成对李世民的态度。《旧唐书·隐太子建成传》载，李建成嫉妒李世民战功卓著，因此屡次迫害世民。"后又与元吉谋行鸩毒，引太宗入宫夜宴。既而太宗心中暴痛，吐血数升。淮安王神通狼狈扶还西宫。"此处记载颇为夸张，建成若欲置世民于死地，怎能容许毒计不成？且吐血数升仍得活，岂是有神助？反倒是《资治通鉴》中记载一则，言李元吉劝建成除掉世民，并称自己愿亲自操刀，但建成并未答应。这反倒说明建成并未生出谋害世民之心。

建成作为储君，在面对李世民夺嫡的活动时，是处于自卫的地位。他并不想先发制人，因为若局势能安稳，则完全没有必要。所以，建成将安抚、镇压世民的责任都归在李渊身上，希望借父亲的势力弹压世民，直到自己顺利继位。而此时的李世民，则处在相当不利的位置上。首先，身为次子却觊觎太子之位，本就不合礼法，不顾道义。其次，夺嫡事件牵涉重大，必将对当时的局势产生莫大的影响，这对于刚刚站住脚跟的唐王朝，也是有害而无利的。

当李渊支持建成和元吉削弱了世民的兵权之后，陷入绝地的李世民决定孤注一掷发动突然袭击，化不利为有利，实现他做皇帝的愿望。而这突然发起的玄武门之变《旧唐书》是这样记载的：武德九年（626），突厥犯边，元吉率师征讨。欲趁兵集，与建成先下手为强，诛杀世民。情势危急，世民身边谋臣不得不谏争，望世民予以反击。多次劝说，世民终于同意。六月三日，世民入宫，言建成、元吉淫乱后宫，并将二人欲杀己之事告知李渊。李渊言，明日当召集大臣，亲自勘问。于是第二日，太宗将左右九人至玄武门自卫，当建成、元吉通过城门时，就将二人乱箭射死。

《旧唐书》所述，颇有失实之处。首先，李元吉借讨伐匈奴之兵意欲举事，是完全没有必要的。在此之前，李世民已处于孤危之境，身边只剩下亲信几人做困兽之斗。建成、元吉欲举事，根本不必待兵集。之所以这样叙述，是为了掩盖李世民先发制人的动机，改换为不得已而为之，以逃避历史的谴责。其次，所谓建成、元吉淫乱后宫，是建成、元吉结交妃嫔以求进美言于高祖。且这样的举动，李世民并非没有，怎可厚诬兄弟？再次，所谓高祖欲因世民之密奏，召集大臣处置此事。

若如此，则世民何必发动政变？既有政变之举动，说明李渊并不支持世民。反而建成、元吉坦然入宫参见高祖，说明心中无鬼，亦可见高祖无废建成之意。所以，玄武门之变，是李世民知道自己已走到穷途末路，于是孤注一掷、铤而走险的一招。而建成的失败，恰恰在于他始终希望父亲李渊能解决好这个问题，避免兄弟之间兵戎相见。

玄武门之变的因缘大致如上所述。从史料之间的差异化记载可见，若无温大雅《大唐创业起居注》力证李渊父子初创大业时的种种事迹，后世史书中所记载之矛盾就无所辨析。历史的发生需要逻辑，即使偶然事件的背后也有必然性作为支撑，所以，较多地掌握史料，仔细地分辨史料，相信真相就会出现在自己眼前。

2. 徐霞客与王士性

地理类是史部之下一个较大的门类，而地理类之下又有游记，徐霞客的《徐霞客游记》就是其中之一。而与徐霞客同时代的王士性，所著之《广志绎》则列于《四库全书》史部地理类游记之属的存目当中。徐霞客之名气自然是尽人皆知，而王士性的地理学贡献虽然也为谭其骧、周振鹤、辛德勇等当代历史地理学家所称扬，但在清代、民国都湮没无闻。同为晚明的地理学家，徐霞客与王士性在后世的评价轨迹却如此不同，这其中的曲折，到底是如何发生的呢？

徐霞客，名弘祖，明代南直隶江阴人，也就是现在江苏江阴人。他的祖上历代为官，但到了徐霞客父亲徐有勉时，就已经不再游宦仕途。徐霞客虽然早年也选择了科举之路，但在应试落第之后，就放弃了仕宦的念头，转而博览舆地图经，立下“问奇于名山大川”的宏愿。他身体力行，考察了中国几乎所有的省份。四库馆臣评价徐霞客及其《游记》道：“（霞客）少负奇气……耽奇嗜僻，刻意远游。既锐于搜寻，尤工于摹写。游记之多，遂莫过于斯编。虽足迹所经，排日记载，未尝有意于为文。然以耳目所亲，见闻较确。且黔滇荒远，舆志多疏，此书于山川脉络，剖析详明，尤为有资考证。是亦山经之别乘，舆志之外篇矣。存兹一体，于地理之学未尝无补也。”游记并非专门的地理学著作，四库馆臣之所以能给《徐霞客游记》如此高的评价，也正是因为徐霞客这一番实地考察的功夫，实在不是一般人能够做到的。

而在徐霞客之前，明代还出现了另外一位地理学家，叫王士性。王士性是浙江台州人，同样出身于官宦世家。与徐霞客不同的是，王士性科举及第之后，一直在朝廷为官，所以，王士性的游历，大多是借到地方为官的方便。至其老年归家之后，王士性把自己的考察所得整理成书，共成诗集一本，名为《五岳游草》；游记一本，名为《广游志》；还有最为重要的一本——《广志绎》，是王士性地理思想的总结之作。

徐霞客和王士性同为明代末年的地理学家，但两人的著作在后世的遭遇却天差地别。徐霞客书成之后，在当时得到了一定的好评，但并没有特别突出的名声。但自从四库馆臣在《四库全书总目提要》中给予相当高的评价之后，因为《四库全书总目提要》的评价为读书人所信奉，《徐霞客游记》就成了地理学著作中声誉较高的一部。后来，梁启超在其《中国近三百年来学术史》一书中，同样对徐霞客及其《游记》大加赞赏，将其与宋应星《天工开物》相提并论，称“晚明有两位怪人，留下两部怪书……中国实际调查的地理书，当以此为第一部”。梁启超是清末民初的大学问家，他对徐霞客及其《游记》的推崇，自然使得徐霞客的名声更加响亮。后来，徐霞客更由于民国地质学家丁文江的宣传和弘扬而蜚声地理学界。丁文江对徐霞客的推崇，包括整理出版《徐霞客游记》、撰写徐霞客年谱、编制徐霞客旅行路线图、倡导对徐霞客及其《游记》进行研究。自此之后，整个社会和学术界对徐霞客的研究就呈现出越加繁荣的趋势，甚至已经建立起所谓的“徐学”，与研究《红楼梦》的“红学”、研究郦道元《水经注》的“郦学”，同为当代的显学。

但王士性就没有徐霞客这般幸运了。王士性家门连续五代为明朝进士，且《明史》有其传记，这当然非徐霞客一介寒士可与相比。且王士性所撰之书，当时就为人所称道，如冯梦祯在《广志绎》的序中就讲道：“余友天台王恒叔才既高华，而宦辙几遍天下，视子长、杜陵所到，不啻远过之。”而清初的大学者顾炎武对王士性的书也多有借鉴。他在《天下郡国利病书》第一卷“舆地山川总论”中，全文照录了王士性《五岳游草》里“地脉”“形胜”“风土”三节文字，而且顾炎武所谈论的“郡国利病”，在王士性的《广志绎》中已有较为深入的讨论。但四库馆臣却并没有因此给《广志绎》以相应的地位，不仅将王士性的著作，如《五岳游草》《广志绎》《黔志》《豫志》等放入存目，在地位上降低了几部书的重要性，而且在提要中对其地理学价值也并未给予肯定的评价。《广志绎》的提要是这样的：“凡山川险易、民风物产之类，巨细兼载，亦间附以论断。盖随手记录，以资谈助。

故其体全类说部，未可尽据为考证也。”

四库馆臣的评价造成了这两部书命运的转折，王士性的著作由此湮没无闻，若不是他的家乡台州为了纪念乡贤，将王士性的著作收在《台州丛书》里，可能现在我们只能从顾炎武等人的文章中看到吉光片羽了。清末民初的梁启超、丁文江等人并未推举此书，而建国之后，地理学的主要方向又是自然地理，所以，徐霞客的游记因为以记录自然地理为主，故受到推崇，而王士性更加偏重人文地理的《广志绎》，却没有受到应有的重视。谭其骧先生概括这一局面出现的原因十分精辟，他说道：“本来在明末清初百年之内，王士性其人、《广志绎》其书是很受人重视的，冯梦祯、曹溶、顾炎武都备极推崇。但此后三百年竟然再没有人提起。这是由于乾嘉考据学兴起后，讲地理的专讲建置沿革……这是一种绝不合理的偏见。五四以后地理学界又流行重自然轻人文的风气，所以徐霞客受到丁文江以来广大地理学者的尊崇，却谁也不知道有王士性《广志绎》其人其书。”

由此可见，徐霞客与王士性的著作，其命运轨迹之不同，在于时代学术风气的转变。在当代，自然地理虽然仍是地理学的重要领域，但关于人文地理的研究，也已经形成了不小的规模。所以，王士性的书经由谭其骧先生重新提倡，在周振鹤等学者的努力下，已经整理出版，并且得到越来越多的学术同仁的认可。

王士性的著作之所以在当代得以发扬，自然有它的独特之处。徐建春概括王士性的地理学特点，首先一条是对实地考察的高度重视及广泛的游历。从地域范围看，明代分全国为两京十三布政司，共十五省，王士性到过十四个省，只有福建未到。其次是对地理学基础理论——人地关系的研究。所谓人地关系，就是人类社会在发展过程中对地理环境的改造，以及地理环境对人类社会的深刻影响。王士性通过考察浙江地区的地理与人文环境，得出这样的结论：杭嘉湖平原是水乡泽国，此处的居民临水而居，出行全靠行舟，水土丰美，人民生活富足，物产丰富，因此崇尚奢侈，往往缙绅之家气势大而众庶气势小。金华、衢州、严州、处州一带，丘陵险阻，人民猛烈鸷愎，轻视刑法，生活俭素，但民风强悍，容易结党以与缙绅相抗衡。而宁波、绍兴、台州、温州一带，连山接海，人民餐风宿水，可以靠海而生，所以不会很穷，但又不通商贩，所以也不富裕，由此，民众与缙绅彼此相安，生活平和，既不过奢，也不过俭。王士性的这一论断，即使与现在浙江的地域风气相对照，也有着相当的准确性。

第四章，大千世界话子部

一、何谓子书

子部的得名，源自先秦诸子。春秋战国时代，孔子、孟子、荀子、韩非子、庄子等人，看到这个时代正在发生着重大的转变，大一统的周王朝濒临灭亡，诸侯国群起而争霸，天下危机重重，所以都凭借着自己的知识和智慧，意图创立一种学说，让社会重新归于安宁。汉代的史官司马谈在《论六家要旨》中说他们是“一致而百虑，同归而殊途”。先秦诸子，只有创立自己的学说，才会被尊称为子，这个尊称也就赋予了子部一种神圣的使命感——建立学说，发表见解，拯救社会。西汉末年的刘向、刘歆父子在编撰《七略·诸子略》时，就是以此为标准来收录诸子之书的。

德国的思想家雅斯贝尔斯在他的《历史的起源与目标》里提出，公元前600年至公元前300年，在北纬25°～35°这个区间，人类的精神文明发生了重大的突破。雅斯贝尔斯称这个时期为“轴心时代”，因为在这个时代，古希腊出现了苏格拉底、柏拉图、亚里士多德，以色列出现了犹太教的先知，古印度有释迦牟尼，而中国有孔子、老子、墨子、荀子等，他们所开创的全新的文化理念，成为后世思想家发挥议论的依据与源泉。汉代以后，诸子之作虽然还在不断出现，但是其中迸发出来的精神火花已没有那么璀璨，对后人的影响也没有那么深远。

汉朝建立以后，百花齐放的诸子之说逐渐被定为一尊的儒家学说取代。先秦诸子中，有著作传世的各家流传稍久，而有事迹但无著作的各家，则消失得十分迅速。诸子的萎缩与其他杂类的不断孱入，使得子部之书的面貌也发生了很大的变化，到清代编修《四库全书》之时，子部已经成为最为繁杂的一类。

1. 先秦诸子的兴衰

周幽王十一年（前 771），周幽王终于看到了他的爱妃褒姒的笑容，但被烽火调戏的诸侯却再也不愿意出兵保护这位昏庸的君主。于是，位于关中平原西面的犬戎，奋起铁骑，一举攻破了宗周的都城。慌乱中，周平王在秦、郑、晋等诸侯国的护卫下逃到了东面的都城洛阳。

平王东迁，定都洛阳。此时的王都，早已没有了昔日的权威和气势，各诸侯国的君主却在自己的地盘上积累了相当强的实力。周王朝的灭亡指日可待。跃跃欲试的诸侯王越来越多，他们不断努力，让自己诸侯国的国力更加强大，不论是军事战斗力还是国家财力。

这样的天下大势，逼迫着中下层的人民去思索社会的走向。稳定的日子已经过了这么久，一旦大乱，国家该走向何方，人民该如何自处？而在思想领域，官方的学术已经不足以维持当年封闭与高贵的身姿，转而流落到民间，为更多阶层的人所掌握。当这些知识碰上整个社会迫切的改革需求时，就碰撞出了百花齐放的诸子百家学说。

儒家主张实行仁政，要求君主体恤民力，人民安居乐业，以此来维持传统的等级社会。孔子和孟子便是这种思想的代表。而另外一位儒家的集大成者荀子，则更加强调社会的改革，强调人的努力对改变自身、改变国家的作用。

墨家主张兼爱、非攻、尚贤。兼爱即爱的无等差，这与儒家的爱分亲疏不同；非攻即反对各国之间的战争，希望各个国家能和平共处；尚贤即崇尚贤能之人，而不是以权势和地位论人才的高下。墨家除了有理论，还有自己的组织系统。只要加入了墨家的组织，就要听从领导，且组织内部人人平等，自食其力。

法家，包括讲法与讲术的两拨。法，是讲如何治民；术，是讲如何驾驭治民之人。法家的学说在秦国最早实行。严刑峻法使得人们不得不严格遵守这些法令，最终使秦国成为战国七雄中最为强大的国家，一举吞并东方六国，成为一统天下的帝国。但法家的缺点是刻薄寡恩，人民可以一时因惧怕法律而兢兢业业，但也会因受不了越来越严酷的镇压而选择奋起反抗。

名家，也称辩者。其实最早主张“正名”的是孔子，孔子讲“名不正则言不顺，言不顺则事不成”，混淆名实，偷换概念，难以成大事。之后墨子主张“取实予名”，即根据事实赋予名称。后来名家的代表人物，包括邓析子、尹文子、公孙龙子，则用力于探求千差万别的名，考求什么是“正”，以“正”律“不正”，以此来得到事物的本真。但名家的末流也容易陷入无谓的辩论，而荒废了具体的实务。

兵家，研究的是军事理论。春秋战国时期的战争每日都在上演，由此也造就了中国古代军事理论的发达，《孙子兵法》《孙膑兵法》《司马法》《尉缭子》等兵书，就是在这样的背景下出现的。中国的兵书区别于西方兵书的特点就是不仅具有实用性，还具有很强的理论性，哲学意味浓厚。例如《孙子兵法》就强调打仗是攻心为上，攻城次之，这是具有相当高度的军事哲学了。

道家，讲究清静无为。其实看似无为，实际上却是教世人在乱世中如何自存的方法。因为在无为的同时，道家又讲究无不为。这种矛盾的说法，如果用老子的政治理想来解释，就可以明白地了解了。老子主张小国寡民、百姓老死不相往来的清静无为之策，实际上也省去了大国为了维持社会安定制定各种制度和措施的成本，无为与无不为的结果，从事实上看是一样的。

杂家，是综合各家学说，汇于一体的学术流派。诸子百家争鸣，必然导致各家相互影响，相互融合，于是就出现了不主一家之说的杂家。

西汉末年，由刘向、刘歆编定的《七略·诸子略》

是对先秦诸子的第一次分类总结。他们归纳出“九流十家”，分别是儒、墨、阴阳、道、法、名、纵横、农、杂、小说。小说不登大雅之堂，不能入流，所以就被排除在九流之外。九流十家至西汉末仍流传不缀，《诸子略》著录的著作阴阳家有二十一种，法家十种，名家七种，农家九种，连不入流的小说家都有十五种。

西汉大一统，儒家经典成为主流，诸子之说一下子没有了发挥的余地。尽管西汉初期黄老之学还流行过相当长的一段时间，法家的严刑峻法事实上也在帝国的领土上施行，但汉武帝之后，在思想领域，不论是黄老还是法家，都无力再与儒家抗衡，只能作为工具或补充，扮演着次要的角色。

诸子之书大都是先秦思想的结晶，汉代的统治者既然不希望过多的思想潮流在社会上泛滥，自然就不会让这些书籍或者言论流传于世。所以，尽管我们在西汉末年刘向、刘歆的《七略·诸子略》中看到如此多的诸子书，但这并不代表汉代社会思想是丰富多样的。

两汉延续了四百多年，儒家思想的主流地位也基本树立起来。至三国、魏晋，玄学之风盛行，又包含着对儒学的反驳和对道家的称扬。儒家学说，归根结底是对个体行为的一种约束，在两汉四百多年的约束之后，人性的爆发要求对儒学的削弱。玄学的兴起，正反映了当时人们追求自由思想、自由精神，拒绝名教束缚的心态。同时，自东汉就进入到中国的佛教，此时也借着儒家、道家、道教的外衣，乘着玄学之风，进入社会上层的精神领域。中国的思想界进入到一种新的丰富和繁杂期，而诸子之书也确确实实地不再适用于这个时代，而被逐渐遗忘。《隋书·经籍志》中诸子书籍的数量大大减少，就是这种变化的反映。

仅仅是子部儒家类，《汉书·艺文志》有五十三种，而《隋书·经籍志》只有十五种，就是这仅剩的十五种中，还有两种已经亡佚。而到清代编修《四库全书》时，除儒家后来增添了许多论著之外，其他诸子各家，往往因为留存太少，干脆就取消了这个类目，通通放入杂家。如墨家就剩《墨子》，纵横家就剩《鬼谷子》，名家剩的稍多，有《尹文子》《公孙龙子》。

照这个趋势发展，到清末民初时，诸子书大概会彻底消失了。但幸好清代的文献学家保存古籍的意识非常强，他们雕版印刷了很多丛书，将这些诸子之书也收了进去。清代中后期，经书、史书被研究得也差不多了，子书自然就开始吸引这些学问家的眼球，一批子书也就进入到他们的视野之中，被他们作为研究的对象，加以认真地整理和校勘。

2. 子书分类的繁杂

子部分类之繁，实非它部可比。若是哪个超人能将子部书籍全都看一遍，几乎就可以上知天文、下知地理、中间知人生百态与十八般武艺了。这些繁杂的分类，在唐代以前似乎还没有出现。

唐宋时期，特别是宋代，这个繁荣且多样的、如锦绣富贵乡一样的国度，迎来了中国第二次社会转型的大浪潮。不仅儒家的理论体系由疏阔进入缜密，而且世俗生活也以前所未有的速度席卷着城市与乡村的各个角落。好议论、尚娱乐的风气使得宋人热衷于著述，而雕版印刷的发达又让这些著述有了流播久远的可能。于是，一系列的诗话、杂谈、见闻录、图谱、实用全书、医药用书，还有小说、话本、传奇、书法作品等，就像平地涌泉一样，汩汩而出，全面记录了宋代人的生活百态和精神面貌。而由此产生的书籍，基本都被归入到子部。这就导致了子部书籍的繁杂，就像佛家所说的大千世界，无所不包，错杂林立。

汉代以后，目录书中的子部，其实是将《七略》的几个部类合并，又增添了新门类的结果。《七略》的诸子略自不待言，还有兵书略、术数略、方技略，都被一股脑儿地归入到子部。

诸子略中的各家，如法家、农家，在先秦时代，主要是作为一种解决社会问题的学说而存在，而到了后代，则多转向制度和技术层面的探讨。

法家，先秦法家所讲的是治国与御人的方法，而后世的法家实际上是法律文书，讲的多是案件审理。如南宋末年的大宋提刑官宋慈所撰之《洗冤集录》，就是他总结多年来在判案过程中接触到的尸体解剖实例，归纳出来的一套法医学知识。宋慈认为，作为一个好的法官，一定要查清事实的真相方可定案，而欲查清事实，特别是人命关天的刑事案件，则非得具有一定的尸体解剖经验不可。书中列举的条目有“自缢”“溺死”“服毒”“病死”等，宋慈详细介绍了这类死亡的特征及其成因。虽然其中难免有违背科学之处，但也不失为法医学的早期专著，据此可以了解我国古代刑事检验的水平。

除法家外，随着时代的发展，农家的内容也发生了较大的变化。先秦的农家代表人物许行讲求的是以农为本，不论是国君还是臣民，事事都要亲力亲为，非自己亲自耕种则不食，非自己亲自织布则不衣。许行的这种言论在当时就遭到孟子强烈的讥讽。后来的农家也完全不理会许行的这一套说辞，他们更看重的是农业技术和自然因素。北魏贾思勰所撰之《齐民要术》，就系统地总结了黄河流域农民的种植经验，并且在书的后几卷中，讲了食品的加工制造方法，使食品得以长久保存。其他如煮胶、笔墨等章节，则是讲手工业技艺。总之，《齐民要术》是仅存的完整的古农书之一，今天研究古代农业，以至古代饮食，都要参考这本书。即使是拍古装剧，也不妨看看这类书籍，以免在相关的剧情设计上与历史发生太大的偏差。

《七略》的兵书略、数术略、方技略之所以被归入子部，就是因为它们在社会生活中的重要性已大大不如先秦，所以尽管这些类目不断有新书出现，但增长的速度却远远赶不上其他类目的图书。数量上没有优势，自然就无法自立为一类，只得委身在子部，作为一个小类。

兵书略，《隋书·经籍志》为子部兵家类。不过先秦的兵书和后来的兵书有个差别，就是先秦的兵书侧重讲理论，而后来的兵书侧重讲实战，包括军事装备、军队训练等方面。宋代的兵书《武经总要》，就是前代兵书的总结之作，包括制度十五卷、边防五卷、故事十五卷、占侯五卷。《武经总要》是研究古代军事的必读书，即使是研究历史上重大的战役时也要时常参考。尤其是其中“攻城法”“水攻”“水战”“火攻”“守城”“器图”这几卷，都有详细的图样，并配有说明，让人们对当时战争所用的器具和攻守城池的形势看得非常明白。

数术略，《隋书·经籍志》分为天文、历数、五行。这一类书籍的主要内容，从先秦到后代都没有很大的变化，是传承性很强的一类。其中有我国最古老的天文学著作《周髀算经》，还有在小学数学课本里会提到的《九章算术》。《九章算术》记录的全都是应用题。田亩面积的计算、粮食体积的测量，以及现在我们所说的开平方、开立方、正负数、二次方程等，都有相应的例题。从这些应用题所描述的制度和一些专有名词，我们可以推测这本书大约是公元 1 世纪的下半期编定的。这说明基于实用目的的数学，特别是代数，其成熟时间是很早的。

方技略，《隋书·经籍志》为子部医方类，传承性同样很强。所包含的书籍如鼎鼎大名的《黄帝内经》和《本草纲目》，都是相当专业的医学书，《黄帝内经》的重要性在于它奠定了中医的理论基础，而《本草纲目》则是中医的必备书，早些年的乡村医生若想自学成才，多数要依靠《本草纲目》的帮助。

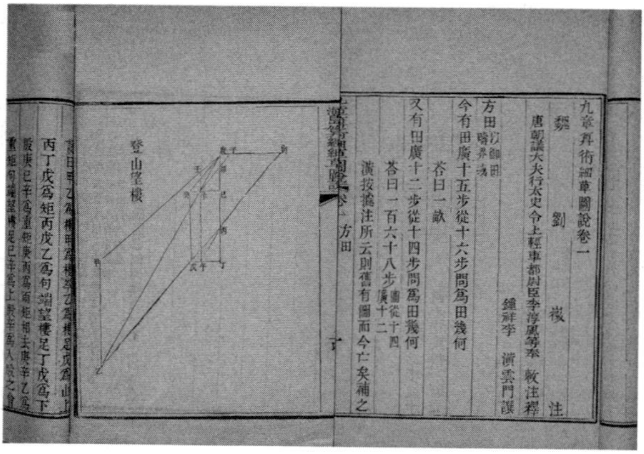

《九章算术》书影

子部新添的内容，说来都是与生活息息相关的。如谱录类，这个类别是按书籍内容编排的形式特点划分的。之所以采用谱录这种形式，往往是因为有些事物的内部划分特别琐碎，条目繁多，若不用统一的格式规划，只用文字描述，则容易使人陷入迷茫而无所解。谱录类的书往往还配有较多的插图，所以它的实用性更是显而易见的。

举一本元代人忽思慧写的《饮膳正要》。此书的写作不全是为了吃得美味，更是为了吃得健康，吃饭治病。所以书的开头就讲了不同人群的吃饭禁忌，如养生避忌、妊娠食忌、乳母食忌、饮酒避忌。接下来是诸般汤煎，有桂浆、桂沉浆等五十六种；食疗诸病，有生地黄鸡、羊蜜膏等六十一种。其他方面，还有对禽品、鱼品、果品、料物等各种食材的介绍，不一而足。最让人感兴趣的是，忽思慧不仅对食材的性质掌握得如此纯熟，而且还知晓药膳的概念，通过摄取某些特定的食物来治疗病症。这样超前的意识，当为现代人所叹服。

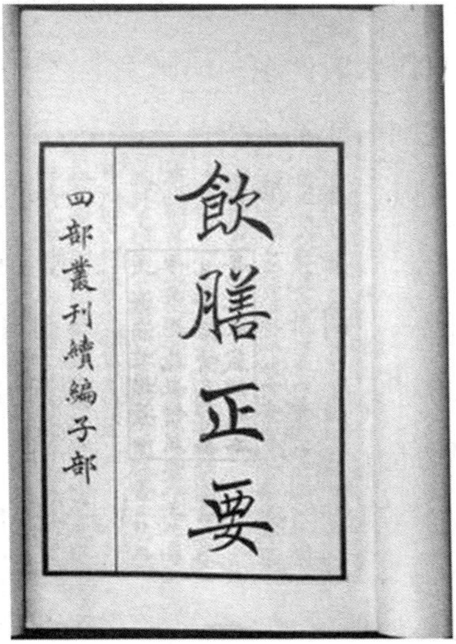

《饮膳正要》书影

谱录类记录生活点滴，而艺术类则关乎个人修养。唐代张彦远作《历代名画记》，论述主要采用自己的看法，评论上古先秦直至唐代会昌年间的画人、画作，讲述绘画发展的历史、绘画的技巧及传授源流，还涉及与绘画相关的印记、装裱。张彦远的论述极为精彩扼要，多数翔实可据，而且自成体系。与摘录前人评论的作品相比，观点更加鲜明，易于为读者接受。《历代名画记》出现以后，宋代又相继出现了多部讲述绘画的画谱，如北宋郭若虚的《图画见闻志》、宋徽宗时期的《宣和画谱》。这些画谱保留了中国绘画史的发展轨迹，让今人可以借此了解唐宋时期中国绘画发展之大概。

子部的类别当然不止于此，接下来的章节还会继续介绍，但通过以上列举的这些类目，已经能够看出子部分类的繁杂。它们相互之间的关联性并不强，划分类目的标准也不统一。时代越往后，子部的分类就越繁杂，所以，清代的《四库全书总目提要》既是四部分类法的顶峰，又是四部分类法的终结。到了近代，我们的图书分类就已经抛弃了这一传统，转而学习俄国或西方的分类法了。

二、子部的分类及书目举例

1. 子部分类的演变

四部分类法刚刚形成的魏晋时代，虽然还没有经、史、子、集的名目，仅仅以甲、乙、丙、丁来指代，但乙部，即子部却排在了史部之前，这大概是受了《七略》排序的影响，六艺略之后为诸子略，所以经部之后就是子部。但很快，在荀勖的《中经新簿》中，史部就排到子部之前，也就是在这个时候，子部的内容发生了很大的改变。

以小说家为例，《七略》的小说家，如《伊尹说》刘向认为"其语浅薄，似依托也"，《天乙》"天乙谓汤，其言非殷时，皆依托也"，《青史子》"古史官记事也"。这些书，一种是依托于古人来说故事，如《伊尹说》；一种是直接记事，如《青史子》。既然是记人记事，为什么要归于小说家呢？这是因为小说家所记载的人，本来都是上古时期的贤者，但从他们嘴里说出来的话却近于浅薄，而他们所记载的事，也显得虚诞不经，与史实明显不符，因此归入其中。不过这并不能阻碍大家对于小说的热情，即使是学者也不例外。但可惜的是，这些小说到了梁代就只剩下《青史子》，到了隋代，连《青史子》也没有了。很长一段时间大家都不知道汉代的“小说家言”是什么样子。不过近两年北京大学收藏了一批汉简，其中有一篇完整的、近三千字的小说，叫《妄稽》，讲述了一个家庭里因为妻妾矛盾而引发的一系列故事：荥阳一位出身名族叫周春的年轻人，品行和相貌很好，娶了个妻子，叫妄稽，又丑又坏。周春不喜欢妄稽，就向父母请求买妾。虽然妄稽不同意，但周春和他的父母还是买了一位叫虞士的美妾。周春很爱虞士，妄稽就因嫉恨而虐待她。虞士想躲避妄稽，但没有成功，反而遭到妄稽的辱骂和折磨。最后，妄稽生了大病，在临死之前对自己的嫉妒表示忏悔。这个小说情节曲折、语言生动，带有很明显的训诫意味，是现在发现的中国最早的小说。

《隋书·经籍志》里的小说，已经没有了以“某人说”为标题的书，说明这时候的小说已经不需要假托先人来讲故事了。取而代之的是一些讲笑话的鄙俗之作，如《笑林》《笑苑》《解颐》，解颐的意思是笑掉下巴，当然是逗人开心的流俗之语了。至宋代欧阳修编纂《新唐书·艺文志》时，其中的小说类就增加了现在大家都很爱看的志怪神仙小说，如西晋张华的《列异传》、吴均的《续齐谐记》。但同时被纳入小说类书目的，还有像《感应传》这种讲因果报应的书。本来这类书是被划分到史部杂传里，跟那些孝子、列女的传记并存的，到欧阳修这里，大概认为神神鬼鬼的事情并不真实，如何能算作史实，所以才将其归入到子部小说类。还有一些无类可归的书，如教育子孙的《诫子拾遗》，讲解典故的《事始》，讲茶艺的《茶经》，也无奈地归入到小说类的行列。试想茶事与小说关系何在？就是因为此时尚无同类书出现，孤单的《茶经》就只能暂时栖身此处了。

至《四库全书总目提要》，小说类的数量真可谓庞大了。纪晓岚将小说的流派分为三种，一种是叙述杂事，一种是记录异闻，一种是缀辑琐语。

叙述杂事类，如《世说新语》，是刘宋时期皇室成员刘义庆收集当时魏晋名士的种种风流逸事而写成的，用以展现当时上层士人的种种姿态。在“容止”一卷中，有“床头捉刀人”一则：

> 魏武将见匈奴使，自以形陋，不足雄远国，使崔季珪代，帝自捉刀立床头。既毕，令间谍问曰：

“魏王何如？”匈奴使答曰：“魏王雅望非常，然床头捉刀人，此乃英雄也。”魏武闻之，追杀此使。

曹操当年为了隐藏自己的野心，让别人代替自己接见匈奴的使者，自己站在旁边持刀而立。但没想到却被匈奴使者识破，曹操羞惭难当，就派人追杀这个使者。

记录异闻类，如《穆天子传》，讲的是周穆王巡游的故事，其中有周穆王到天山会见西王母的描写：

乙丑，天子觞西王母于瑶池之上。西王母为天子谣，曰：“白云在天，山陵自出。道里悠远，山川间之。将子无死，尚能复来。”天子答之曰：“予归东土，和治诸夏。万民平均，吾顾见汝。比及三年，将复而野。”天子遂驱升于弇山，乃纪其迹于弇山之石而树之槐，眉曰“西王母之山”。西王母之山还归，其□世民，作忧以吟曰：“彼徂西土，爰居其野。虎豹为群，於鹊与处。嘉命不迁，我惟帝女。彼何世民，又将去子。吹笙鼓簧，中心翱翔。世民之子，惟天之望。”

西王母与周穆王一起喝酒，互为酬唱。西王母希望周穆王还能再来，周穆王就说，回到东方，治理好自己的国家和人民，三年就会再回来。西王母又说，自己是天帝的女儿，不能随便更换地方，而周穆王却是天下臣民的指望，希望他不要牵挂西方，担负起自己的职责。

还有缀辑琐语类，如《酉阳杂俎》，这是唐代段成式的作品。此书天文地理、神仙鬼怪、生活百态，无所不包，如卷二的一段记叙：

> 蜀有道士阳狂，俗号为灰袋，翟天师晚年弟子也。翟每戒其徒："勿欺此人。吾所不及之。"常大雪中，衣布褐入青城山，暮投兰若，求僧寄宿，僧曰："贫僧一衲而已，天寒如此，恐不能相活。"但言容一床足矣。至夜半，雪深风起，僧虑道者已死，就视之。去床数尺，气蒸如炊，流汗袒寝，僧知其异人。未明，不辞而去。多住村落，每住不逾信宿。曾病口疮，不食数月，状若将死。人素神之，因为设道场。斋散，忽起，就谓众人曰："试窥吾口中有何物也。"乃张口如箕，五脏悉露，同类惊异作礼，问之，唯曰："此足恶，此足恶。"后不知所终。成式见蜀郡郭采真尊师说也。

段成式说这是他从蜀地道士那里听来的，足证其琐语之属性。

纪晓岚所分的三类小说看似涵盖广泛，但实际上却并不包含如今为大家广为接受的志怪、神仙、评话、演义等体裁。因为这些书实在是太过俚俗，文人士大夫们若是将其记录在册，会有侮辱斯文之嫌。

小说类书籍数量扩大的过程，也让人深刻地感受到，唐代以前的社会普遍相信鬼神是存在的，所以那些讲鬼神故事的书，一般都归入史部杂传类，作为历史的一部分，同时也起到一定的训诫作用。但越到后来，这些内容越被当作故事来看待，历史的意味，几乎下降为零，而以史为鉴的作用，也就不复存在。就连《山海经》这本虽然富于神话色彩，但仍然有不少与实际内容相符的地理书，也被当作小说收入子部。

从小说类的演变中，我们大约可以看出子部的演变过程。子部从一开始的诸子百家之语，变成无所不包的大千世界，反映了整个社会物质和知识的迅速增加，也反映了社会主流对各类知识的归属随时代发生的变异。当然，子部在四部之中，仍然是最有意思的一类，也是现在关注最为薄弱的一类，如果大家感兴趣的话，可以多多涉猎，相信可以从中发现更多的乐趣。

2. 子部各类书目举例

子部书的举例，首先还是要从先秦诸子说起。先秦诸子的著作虽然离我们最远，但若抛开先入为主的成见，试着去读一下先哲智慧的结晶，就会发现他们比现代人更为昂扬向上的精神风貌、更为慷慨激昂的人生理想。

战国时代韩国的公子韩非子就是这样的一个人物。他在韩国没有施展才华的空间，就辗转到秦国，受到秦公的赏识，但也因才华外露而遭人陷害，冤死狱中。韩非子有些口吃，但他的文章却写得游扬雄肆，有排山倒海之势。且看《韩非子·说难》：

凡说之难：非吾知之有以说之之难也，又非吾辩之能明吾意之难也，又非吾敢横失而能尽之难也。凡说之难：在知所说之心，可以吾说当之。所说出于为名高者也，而说之以厚利，则见下节而遇卑贱，必弃远矣。所说出于厚利者也，而说之以名高，则见无心而远事情，必不收矣。所说阴为厚利而显为名高者也，而说之以名高，则阳收其身而实疏之；说之以厚利，则阴用其言显弃其身矣。此不可不察也。

夫事以密成，语以泄败。未必其身泄之也，而语及所匿之事，如此者身危。彼显有所出事，而乃以成他故，说者不徒知所出而已矣，又知其所以为，如此者身危。夫异事而当，知者，揣之外而得之，事泄于外，必以为己也，如此者身危。周泽未渥也，而语极知，说行而有功，则德忘；说不行而有败，则见疑，如此者身危。贵人有过端，而说者明言礼义以挑其恶，如此者身危。贵人或得计而欲自以为功，说者与知焉，如此者身危。强以其所不能为，止以其所不能已，如此者身危。故与之论大人，则以为间己矣；与之论细人，则以为卖重。论其所爱，则以为借资；论其所憎，则以为尝己也，径省其说，则以为不智而拙之；米盐博辩，则以为多而交之。略事陈意，则曰怯懦而不尽；虑事广肆，则曰草野而倨侮。此说之难，不可不知也。

子部涵盖广泛，除诸子、异闻之外，品画亦是雅事一件。品评画作是见仁见智之事，但评论之优劣，却也自有公论。唐代张彦远的《历代名画记》就是其中的佳作。

《历代名画记》卷一“论画山水树石”条：

魏晋以降，名迹在人间者，皆见之矣。其画山水，则群峰之势，若钿饰犀栉。或水不容泛，或人大于山，率皆附以树石，映带其地。列植之状，则若伸臂布指。详古人之意，专在显其所长，而不守于俗变也。国初二阎，擅美匠学，杨展精意宫观，渐变所附，尚犹。状石则务于雕透，如冰澌斧刃；绘树则刷脉镂叶，多栖桔苑柳。功倍愈拙，不胜其色。吴道玄者，天付劲毫，幼抱神奥。往往于佛寺画壁，纵以怪石崩滩，若可扪酌。又于蜀道写貌山水。由是山水之变，始于吴，成于二李（李将军、李中书）。树石之状，妙于韦鶠，穷于张通（张璪也）。通能用紫毫秃锋，以掌摸色，中遗巧饰，外若混成。又若王右丞之重深、杨仆射之奇赡、朱审之浓秀、王宰之巧密、刘商之取象，其余作者非一，皆不过之。近代有侯莫陈厦、沙门道芬，精致稠沓，皆一时之秀也。吴兴郡南堂有两壁树石，余观之而叹曰："此画位置若道芬，迹类宗偃，是何人哉？"吏对曰："有徐表仁者，初为僧，号宗偃，师道芬则入室，今寓于郡侧。年未衰而笔力奋疾。"召而来，征他笔皆不类。遂指其单复曲折之势，耳剽心晤，成若宿构，使其凝意，且启幽襟。迨乎构成，亦窃奇状。向之两壁，盖得意深奇之作，观其潜蓄岚濑，遮藏洞泉，蛟根束鳞，危干凌碧，重质委地，青飚满堂。吴兴茶山，水石奔异，境与性会，乃召于山中，写明月峡，因叙其所见，庶为知言。知之者解颐，不知者拊掌。

唐初画家阎立本的《步辇图》

笔记杂谈在子部中数量最为可观，也最富可读性和趣味性。笔记以宋代最为兴盛，也最显个人之情致，此举苏轼《东坡志林》一节之例，以见其情趣。

《东坡志林·记游》“记过合浦”条：

> 余自海康适合浦，连日大雨，桥梁大坏，水无津涯。自兴廉村净行院下乘小舟至官寨，闻自此西皆涨水，无复桥船，或劝乘蜑并海即白石。是日六月晦，无月，碇宿大海中。天水相接，星河满天，起坐四顾太息：“吾何数乘此险也！已济徐闻，复厄于此乎？”稚子过在旁鼾睡，呼不应。所撰《书》《易》《论语》皆以自随，而世未有别本。抚之而叹曰：“天未欲使从是也，吾辈必济。”已而果然。七月四日合浦记，时元符三年也。

养生延年这一观念，今人看得十分重要，古人也同样有这样的追求。明代的高濂因为小时候患了眼疾，多方求医问药，最终病愈，于是就越发看重养生，将平日积累的养生之法撰写成书，就是这本《遵生八笺》。此书所列八笺分别是：清修妙论笺、四时调摄笺、起居安乐笺、延年却病笺、饮馔服食笺、燕闲清赏笺、灵秘丹药笺、尘外遐举笺。读高濂的书，掌握一些养生技巧，也是益事一件。在这里，且看高濂是如何讲述自己对延年却病的见解的。

《遵生八笺·延年却病笺》卷首：

> 高子曰："生身以养寿为先，养身以却病为急。"《经》曰："我命在我，不在于天，昧用者夭，善用者延。"故人之所生，神依于形，形依于气，气存则荣，气败则灭，形气相依，全在摄养。设使形无所依，神无所主，致殂谢为命尽，岂知命者哉？夫胎息为大道根源，导引乃宣畅要术。人能养气以保神，气清则神爽；运体以却病，体活则病离。规三元养寿之方，绝三尸九虫之害。内究中黄妙旨，外契大道玄言，则阴阳运用，皆在人之掌握，岂特遐龄可保？即玄元上乘，罔不由兹始矣。噫！顾人之精进如何。余录出自秘经，初非道听途说，读者当具天眼目之，毋云泛泛然也。编成笺曰："延年却病"。

三、子部逸事

1. 李廌落第为哪般？——几部笔记的揣测

所谓笔记，就是随手所记的杂谈逸事汇集而成的集子。既然是杂谈逸事，也就无一定之规矩，既不需要遵循特定的格式，也不需要考虑所记事情是否真实，道听途说也好，杜撰想象也罢，总之就是自娱自乐的文字。可正因为是自娱自乐，才使得笔记这种文体特别能看出作者的真性情和真看法。比如对于北宋中期有名的才子李廌为何没能金榜题名，大家就有各自的揣测。

北宋元祐年间，是宋哲宗在位的时期。哲宗从他父亲神宗手中接过的，不仅仅是一个皇帝的位子，还有余波未平的新旧党之争。神宗赵顼是个志在改革的皇帝，他启用改革家王安石，开始了对北宋王朝的全面变革。可但凡变革，总要牵涉到各方面的利益，所以，王安石身手一出，就招来各种反对势力的批判。这些反对势力很快集结起来，成为旧党阵营。而支持王安石改革的一派，则成为新党阵营。新旧党之间的斗争，在神宗时候就暗中较量，只是因为神宗袒护王安石，才让新党暂时处于上风。但神宗末年，王安石改革趋于消沉，新党的力量也随之削弱。殆至哲宗即位，新旧党的势力对比已发生倒转，旧党得势，新党消歇。不过就像一场大的地震过去之后，总会有一些余震，这新旧党之争，并没有戛然而止，而是逐渐潜伏到政坛的暗层中，继续着他们的较量。

本来要说李廌的落第，为何先讲党争？因为李廌的落第本是一件很简单的事情，但因为牵涉到党争，使得另一位当事人——苏轼，遭到了许多的猜嫌。

李廌是苏轼的得意门生，苏轼的文章名气大，李廌也跟着得到很高的称誉。所以，当李廌打算参加科举考试的这一年，其他同来考试的人，都想跟他套近乎，而考官也希望能亲手录取他，以为后来的功名利禄计。李廌本人信心满满，今年科举考试的主考官之一，又恰是他的老师苏轼，这样的机会，让李廌的高中之路显得更加平坦。

谁知事与愿违，本来顺理成章的事情，却大出所料。李廌不仅没有高居榜首，而且直到榜单的最后一名放出也没有他的名字。当时的士人，也纷纷表示不解与惊诧。吕大防叹言："有司试艺，乃失此奇才耶！"朱弁《风月堂诗话》也载："既拆号，十名前不见方叔（李廌字方叔），众已失色，逮写尽榜，无不惊骇叹。”

李廌怎么会落第？自北宋末迄南宋灭亡，每有士人在自己的笔记中写下自己对此事的揣测，但这些揣测，往往是得自传闻，至于事实真相如何，并无多少人仔细考察过。

李廌落榜之后，苏轼作为老师兼考官，曾赋诗自责，说两人相交时间不短，这次李廌落第，自己也深有愧意。苏轼的诗是这么写的：

> 与君相从非一日，笔势翩翩疑可识。平生谩说古战场，过眼终迷日五色。我惭不出君大笑，行止皆天子何责。青袍白苎五千人，知子无怨亦无德。买羊酤酒谢玉川，为我醉倒春风前。归家但草凌云赋，我相夫子非癯仙。

苏轼的意思是说李廌的字写得好，应该能认出来，但考生太多，一时遗漏，你李廌也不要太在意。希望你能继续潜心学问，将来一定会有高中之日。

苏轼的诗一出，身为参详官，也就是负责提建议的黄庭坚也和了一首，题为《次韵子瞻送李廌》：

> 骥子堕地追风日，未试千里谁能识。习之实录葬皇祖，斯文如女有正色。今年持橐佐春官，遂失此人难塞责。虽然一哄有奇遇，博悬于投不在德。

君看巨浸朝百川，此岂有意潢潦前。愿为雾豹怀文隐，莫爱风蝉蜕骨仙。

黄庭坚想表达的意思与苏轼大同小异，只是将李廌落榜的原因归结为运气差，就跟赌博一样，胜负只是凭运气。

那么李廌本人是怎么看的呢？从他的诗中，似乎除了感叹自己运气不好的悲伤之外，也没有其他的情绪，就像他自己说的，“平生功名众所料，数奇辜负师友责”。

但好事之徒却并不这么简单地看待这事儿，定要给苏轼找些麻烦，还想看他笑话。苏轼是旧党中人，当年抨击王安石新法十分用力，此时新党虽不得势，但也千方百计找寻旧党中人的把柄，让他们不得安宁。这新党中造谣的人到底是谁，现在已不得而知，但这些谣言却被保留在宋人的笔记里，而且时间越长，故事就越精彩、越离奇。

最先将这个事情重新提出来的是北宋末年的任渊，他给黄庭坚的诗集作注，碰到刚才那首诗，就注道：

李廌，字方叔，阳翟人，素为东坡所知。元祐三年，东坡知贡举，得程文，异之，谓必方叔，擢置第一。既开榜，非是。东坡怅然，作诗送方叔，有“与君相从非一日，笔势翩翩疑可识”之句。

同时的朱弁在他的《风月堂诗话》中也提到这件事儿：

东坡知贡举，李廌方叔久为东坡所知，其年到省诸路举子，人人欲识其面，考试官莫不欲得方叔也。坡亦自言有司以第一拔方叔耳。既拆号，十名前不见方叔，众已失色，逮写尽榜，无不惊骇叹。方叔归阳翟，黄鲁直以诗叙其事送之，东坡和矣。如“平生谩说古战场，过眼终迷日五色”之句，其用事精切，虽老杜、白乐天集中未尝见也。

这两个人的记录还都比较接近真实，没有妄自揣测李廌落榜的原因。到南宋时，陆游的《老学庵笔记》就起了变化：

东坡素知李廌方叔。方叔赴省试，东坡知举，得一卷子，大喜，手批数十字，且语黄鲁直曰：“是必吾李廌也。”及拆号，则章持致平，而廌乃见黜。故东坡、山谷皆有诗在集中。初，廌试罢归，语人曰：“苏公知举，吾之文必不在三名后。”及后黜，廌有乳母年七十，大哭曰：“吾儿遇苏内翰知举不及第，它日尚奚望？”遂闭门睡，至夕不出。发壁视之，自缢死矣！廌果终身不第以死，甚可哀也。

陆游的笔记里第一次出现了章持这个人，章持是新党的领袖章惇的儿子。这个故事编得就有点看苏轼笑话的意思了，苏轼自以为眼力不错，能看出李廌的字体，结果却看走眼，把政敌的儿子给提拔为第一了。而且苏轼的这一失误，还让自己的得意门生李廌终身未能中举，成为人生的一大遗憾。

新党中人光看笑话还不算，在南宋末年罗大经的《鹤林玉露》及稍后的赵溍《养疴漫笔》中，又有了这个故事的升级版。不仅说苏轼看走眼，而且还诬陷他提前透露考题给李廌。结果李廌没拿到题目，反而被章惇的儿子章持和章援得到，这两兄弟最终名列前茅，而李廌则榜上无名，让苏轼也不禁“失色”。

元祐中，东坡知贡举，李方叔就试。将锁院，坡缄封一简，令叔党持与方叔，值方叔出，其仆受简置几上。有顷，章子厚（章惇）二子曰持曰援者来，取简窃观，乃“扬雄优于刘向论”一篇。二章惊喜，携之以去。方叔归，求简不得，知为二章所窃，怅惋不敢言。已而果出此题，二章皆模仿坡作，方叔几于阁笔。及折号，坡意魁必方叔也，乃章援。第十名文意与魁相似，乃章持。坡失色。二十名间，一卷颇奇，坡谓同列曰："此必李方叔。"视之，乃葛敏修。时山谷亦预校文，曰："可贺内翰得人，此乃仆宰太和时，一学子相从者也。"而方叔竟下第。坡出院，闻其故，大叹恨，作诗送其归，所谓"平生谩说古战场，过眼终迷日五色"者是也。其母叹曰："苏学士知贡举，而汝不成名，复何望哉!"抑郁而卒。

故事说到这里，可谓有鼻子有眼，不仅细节完美，而且对话精彩，而苏轼的违法乱纪和弄巧成拙也被刻画得入木三分。

可是苏轼真的是这样的人吗？恐怕还有些疑问。首先，苏轼对李廌的评价，并不如外界所知的那样高。李廌的《兵鉴》一书，很是得到后人的重视，清代的四库馆臣也给予很高的评价，但苏轼却在给李廌的信中写道："至若前所示《兵鉴》，则读之终篇，莫知所谓，意者足下未甚有得于中而张其外者，不然，则老病昏惑，不识其趣也。以此，私意犹冀足下积学不倦，落其华而成其实。"苏轼的评价显然是在说李廌的文章写得不够老道，让人不得要领。所以即使苏轼是主考官，也未必会因为自己是李廌的老师就偏向他。其二，李廌最为擅长的是诗，而非文，这显然不适合更加看重策论的元祐科举试题。其三，说苏轼给李廌透露考题，这点在北宋科举考试越加严厉的大环境下是绝无可能的。考试并非苏轼一人主持，在各个环节都有人陪同的情况下，苏轼怎敢做出这样大胆的行为，让自己的政敌轻易地抓住把柄呢？由此，苏轼不录取李廌，也许并没有更多的原因，就是因为李廌的策论写得不够好。

而几部诗话、笔记所著录的故事，大概都是道听途说之论。虽然这些故事未必符合史实，但也让我们有机会看到当时的社会言论和大众心态，让我们对于那个时代，有更加贴切的认识。

2.《太平广记》与泰山治鬼

《太平广记》是北宋太平兴国年间由官方修订的一部类书。修撰类书的过程不是一个创作的过程，而是一个重新搜集、编排材料的过程，这些材料的来源是前代的各种著作，按照类别进行编排。

《太平广记》是一部取材于野史传记和小说家言的类书，因此它的类别名称也多是神仙、女仙、征应、异僧、报应、才名这些与鬼神之事和奇闻异谈有关的名词。从每类下的内容来说，如神仙类，就搜罗了关于老子、木公、广成子、黄安、孟岐等民间认可的神仙家的事迹。这些搜集来的材料，或是节录原书的一句话，或是转录整篇故事，当它们汇聚到一个标题之下以后，居然可以为读者勾勒出一个概念、或者故事原型发展的轨迹。泰山治鬼，就是其中的一个典型例子。

泰山，这座矗立在齐鲁大地上的高峰，很早就成为国家祭祀的重要对象，如大名鼎鼎的齐桓公在成就霸业之后，就打算祭祀泰山，结果被贤臣管仲劝阻，最终没能成行。西汉武帝则一生十次到达泰山，七次封禅，充分显示了自己的雄才大略与文治武功。后来历朝历代的皇帝，都将祭祀泰山作为国之大典，即使自己不亲临泰山，也要让地方官员时时代为祭祀。

五岳之尊——泰山

泰山在官方的地位如此之高，那么在民间是否也享有同样的地位呢？一般的民众是如何看待泰山的呢？要想回答这个问题，只看官方的史书是不够的，史书往往只会记载国之大事，并没有多少精力和空间去留意民间思想与信仰的动向，只有到《风俗通义》《搜神记》《报应记》这类记载民间逸闻的书中去寻，方可得一二。而《太平广记》这样一部集合了前朝野史与杂闻的大型类书，更是寻绎答案的好去处。

《太平广记》卷九十九释证类，有一条为“大业客僧”，讲一个异域僧人来到泰山投宿，夜晚现一神，客僧就问神，“闻世人传说云：‘泰山治鬼，宁有之耶？’”客僧听闻的“泰山治鬼”，就是民间信仰中泰山的最基本执掌，把持世间凡人的生死予夺之权。早在先秦时期，人们对于死后灵魂的归宿就已经有自己的理解，而到汉代，泰山便成了整个中华大地上普遍认可的掌握灵魂归宿的所在。

其实这种观念的形成仍然与皇帝的封禅有关。所谓封禅，实际分为“封”与“禅”两个部分，“封”是登临极顶祭天，“禅”是于山前祭地。由于战国以来神仙说的流行，秦始皇、汉武帝都热衷于到海上求仙问药以求长生不老。西汉初年，当时的方士投合汉武帝炫耀功业与长生不老的两个追求，将泰山封禅与长生不老扯到一起，说只有到泰山封禅，才能成仙登天。这让汉武帝不惜路途遥远，从西安出发，七次封禅泰山。

“泰山治鬼”的观念，直接的来源就是“禅”，即祭地。登高以报天，筑坛祭地以报地，这天是神道，地自然就是鬼道。禅既然是祭地仪式，很容易就被赋予了与死相关的含义，禅地之所也成为了鬼魂的集中之地。

汉代的乐府诗《蒿里》云：“蒿里谁家地，聚敛魂魄无贤愚。鬼伯一何相催促，人命不得少踟蹰。”这里所说的蒿里，是泰山南面的一座小山，也是封禅大典中禅地的所在。但蒿里毕竟是个小地方，泰山才是真正具有影响力的名山，所以，这与禅地有关的治鬼说，就自然地由蒿里变为泰山了。

东汉魏晋时，泰山治鬼的说法非常流行。《后汉书》就记载了一位方士许峻，自称自己大病一场，三年未愈，于是前往泰山请命。三国时人管辂是个有名的大方士，一次，他和弟弟管辰论及前程，说自己的阳寿恐怕不长，如果不死，他想当洛阳县令，治理一方，但是更可能的结果是“但恐至太山治鬼，不得治生人，如何?”太山即泰山，从管辂嘴里说出“泰山治鬼”，可见这种观念在当时的影响还是相当广泛的。

史书以外，魏晋以后的志怪小说中也出现了这方面的题材，《太平广记》再生类下录自《列异传》的故事——“蔡支妻”，就是一例。

蔡支是个小县吏，有一次因为公事出差，忽然迷路，到了泰山脚下，看到眼前有一城郭，就进城打算拜见太守。至宫室，见一官，与衙门太守相同。这长官设下酒席，还给了蔡支一封信，说：“请你帮我把这封书信给我外孙带去。”蔡支问：“您外孙是谁?”长官说：“我是泰山神，我的外孙是天帝。”蔡支惊讶万分，知道这地儿已不是人间。当他把信送给天帝时，天帝问他家里人的生死，蔡支说，父母妻子都去世了。天帝问他想不想见妻子，蔡支当然想见，于是，天帝就让户曹尚书敕司命将蔡支妻子的名字著于生录，让她与蔡支一同离开。蔡支回家之后，扒开妻子的坟茔，妻子果然说起话来，与先前没有任何变化。

这里的泰山神和天帝的位置似乎出现了颠倒，但考虑到这是民间传说，错位也属情理之中。同时代的《搜神记》中也有一则故事，讲述生人进入泰山神的府邸，为其传信，并因此使故去的亲人得到优待的经过。

在这些故事中，对泰山神（又称泰山府君）的地府衙署的描写，已经相当具体，看上去似乎与人间的牢狱

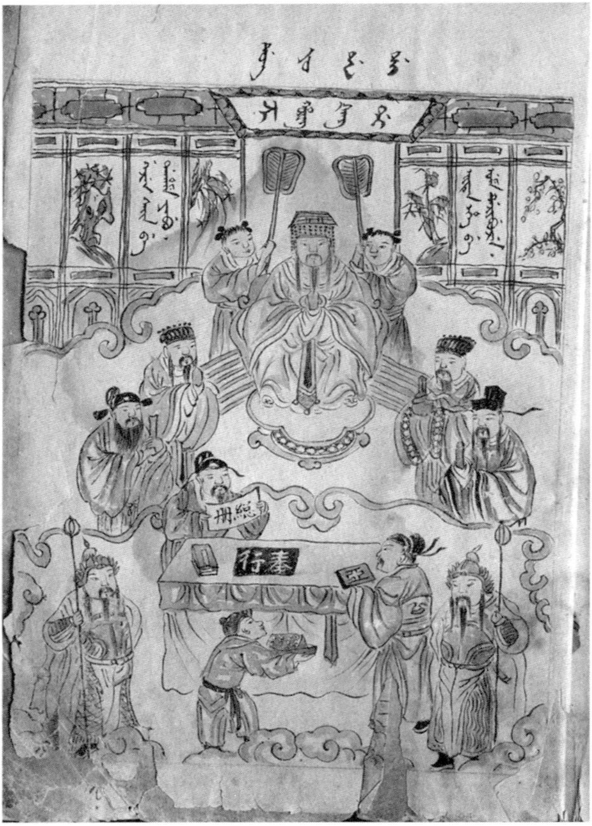

《劝善经》中的地狱图

差不多，那些犯了错误的鬼魂们，跟人间的囚徒也一样。这样的地府形象，大概就是人间衙门的翻版。但是人鬼毕竟异路，鬼界的官也是要鬼来做。

就如同历史上众多的自然神灵一般，泰山神也经历了一个人格化的过程。它逐渐打破了人鬼之间的界限，生人和鬼可以沟通、交流，甚至还能担任地府的长官。唐代《广异记》中有一则故事，一个叫李强友的人既是剡县的县丞，同时又是地府里的主簿。有一天，一个相熟的屠夫来找他，说他阳寿还未到就被领到地府里，多亏李强友的帮忙，才被放还。

人鬼两界的相互穿越，让阴阳之间的界线逐渐模糊，同时也使其他因素得以更加方便地进入到这个略显开放的体系之内。

唐代的统治者因为姓李，就把自己的家谱排到了老子李聃那里，老子是道教的始祖，皇室自然也就大力推崇起道教来。全国范围内弥漫的道教风尚影响到治鬼的泰山府君这里，于是，泰山也被纳入道教的体系里，成为道教经典中描述的对象。

佛教势力的渗透和深入，又使得传统的泰山府君遇到了前所未有的挑战，它的治鬼领域不断受到外来佛教的侵占。

《太平广记》报应类下“沈嘉会”条，讲沈嘉会到了阴间与泰山府君交谈，泰山府君跟他说：“人之为恶，若不为人诛，死后必为鬼得而治，无有侥幸而免者也。若日持《金刚经》一遍，即万罪皆灭，鬼官不能拘矣。”泰山府君在这里居然充当了佛教的信徒，让沈嘉会通过读《金刚经》免除灾祸，这在此前的鬼神故事中是从未见到的。

随着佛教影响的扩大，泰山府君的地位逐渐被佛家的阎罗王取代了，而之前模仿人间牢狱的地府，也向着佛教宣扬的沸腾着烈火的地狱靠拢，变得十分可怕。

第五章，吟咏赞叹话集部

一、何谓集部

《诗・大序》有言："情动于中而形于言。言之不足，故嗟叹之。嗟叹之不足，故咏歌之。咏歌之不足，不知手之舞之，足之蹈之也。"这是说人若情动于心，就会发之于外，或言说，或嗟叹，或歌唱，再进一步，就会手舞足蹈，以至于放浪形骸。表达情感是每个人的需要，手舞足蹈固然可以淋漓尽致地表现，但诉诸笔端也不失为一种温和的倾诉。于是，这些情感或理智生发出来的文字便成为文章，成为诗歌，成为曲词，成为小说，成为最能够表现自我的形式与内容的结合体。感情的多样化造就了文学艺术的千姿百态，而优秀的文学艺术作品也滋润着一代代人的心灵，让我们在面对这个世界的时候，不仅拥有理智的判断，也饱含着深深的热情与眷恋。

在漫长的古代文学发展史中，不论是朝廷官员、知名学士，还是落魄文人、市井商户，他们都发出了自己的声音，成就了文学的绚丽多彩。但作为官方修订的目录书，不论是《七略》《隋书·经籍志》《四库全书总目提要》，还是私人修订的《郡斋读书志》《千顷堂书目》，他们的眼光都集中在正统文人身上，而很少涉及到社会中下层的文人与市民。因为目录编修意味着高雅的审美，如阳春白雪，那些街头巷尾酒肆戏台之上的东西，都是下里巴人所编所演，怎可入得了文学的畛域。于是，历代目录书的集部，收录的都是“入流”的文学作品。在浏览集部的著作时，我们能够塑造的，也是中国古代上层文人的形象。

拿分类最细致的《四库全书总目提要·集部》来

说，它包含了楚辞、别集、总集、诗文评、词曲五类。前三类的收录是确定无疑的，诗文评已属勉强，词曲更是作为介于诗歌与伎艺之间的末流附带于此。在戏曲、小说都十分发达的清代，官修目录书仍然摒弃两者于“全书”之外，足见官方文学观念的死板与保守，与时代脱节而不自知。

所以，这一章在介绍集部书籍时，不仅会从上层文人的角度来讲述文学史，也会把底层文人与市民的文学喜好展示给大家，只有上层与底层结合，才能构成一个完整的中国古代文学史。

1. 雅正的风尚

正如现今的艺术圈有主旋律和通俗娱乐之分一样，古代的文学，也有雅正与通俗之别。雅文学和俗文学在整个古代文学史的发展中各行其道，又互有交融，但从二者发展的主流来看，却依然呈现出明显的界限。

文学的雅，强调的是含蓄与规矩，不论是诗歌还是文章，看重的是意象的塑造与情感的寄托，讲究的是“乐而不淫，哀而不伤”，由此而来的是修辞的运用与语言的锤炼。而文学的正，与正统的儒家熏陶有着密不可分的关系，文学需要反映正统的价值观念和道德原则，而不是异端与激进的思想。“雅”“正”两个原则，限定了这样的文学创作者必然是上层社会的文人，也就与下层的世俗生活拉开了距离。

雅文学之所以在文学史的前半段占据了几乎全部空间，自是因为它有着无穷的魅力。从先秦时期诸子的文章中，我们已经可以领略庄子的游扬雄肆，孟子的雄辩激昂，韩非子、荀子的纵横捭阖……这片文学的发源地，孕育了让后世文人取之不尽的文学风格与资源，遂产生了汉乐府的质朴、魏晋诗歌的风骨、唐诗的烂漫多姿、宋诗的哲理深沉、明清诗词的温婉简约。雅文学代表了上层文人的艺术追求，也充分体现了他们的人文情怀。

雅文学的创作者，即中国古代的上层文人，他们的典型特征，大致有这样几条：一是对朝廷政治的关心与对社会道义的担当；二是对文学的美的追求；三是对个体境遇的感叹。对于朝廷政治的关心来源于他们从小接受的儒家教育，“修身、齐家、治国、平天下”是他们最为深切诚挚的追求，是多年研习经典导致的深入骨髓的人生理想。因为这样的理想，所以才有了鲍照“丈夫生世会几时，安能蹀躞垂羽翼”的一腔抱负，才有了范仲淹“先天下之忧而忧，后天下之乐而乐”的忧国忧民。

翻开许多文人的文集，这样的文章随处可见，如中唐时期“牛李党争”的主角之一李德裕，在其文集《会昌一品集》中就有批评其他大臣“宰相不能治钱谷”的主张的文章。《朝廷事体状》一文言道：

> 管仲明于治国，其语曰：“国之重器，莫重于令。令重君尊，君尊国安。治人之本，莫要于令。故曰亏令者死，益令者死，不行令者死，留令者死，不从令者死，五者无赦。”又曰：“令在上，而论可否在下，是主威下系于人也。”大和后，风俗寖敝，令出于上，非之在下，此敝不止，无以治国。臣谓制置职业，人主之柄，非小人所得干，弘质贱臣，岂得以非所宜言，妄触天听，是轻宰相也。

文人的身份，代表了他们是社会的精英，而他们也“自觉”地承担起了社会精英应该肩负的责任，那就是宋代理学家张载所言的“为天地立心，为生民立命，为往圣继绝学，为万世开太平”。虽然这一总结在宋代才做出，但这样的追求却为历代文人所共有。有宋一代的理学家，他们要担负的社会责任，就是要为“天地立心”。宋代商业的繁荣，刺激了人们对于物质的欲望，而对物质的追求，也造成了许多人精神上的空虚和无底线。理学家对天理的推崇和对人欲的克制，就在这样的社会氛围中被推上了历史的舞台。虽然理学的末流最终发展成为人人唾骂的“伪道学”，但其本意，却是希望人们能够对自己的欲望加以节制，以减少社会冲突的发生，使现行的社会制度能够平稳运行。

而在社会变革之际的文人，其社会责任感则更加强烈，明清易代之际的顾炎武、王夫之、黄宗羲，他们生活在封建社会的最后一夜，所以对社会的反思也更加深切。顾炎武讲“天下兴亡，匹夫有责”，意图唤起民众参与社会改革的意识，而其编撰的《天下郡国利病书》，更是从实际行动上分析中国各地的政治、经济、地理、历史状况，希望为改革提供可资借鉴的一手资料。王夫之虽退居山间，但依然心系天下，甚至提出了“以天下论者，必循天下之公，天下非一姓之私也”。这是要在中国推翻皇帝世袭制，选举有才能的人做民众的领袖。黄宗羲对社会的参与，相信大家都有所认知，著名的“黄宗羲定律”，即政府每次给民众减少税种，降低税率，换来的都是下一轮更加繁重的税负。这种深刻的总结，到现在仍然对我们政府的经济行为有所影响。

文人之所以有这样强烈的社会责任感，是因为他们的身份并不单纯，大多数文人作为朝廷命官，关心政治是他们的习惯和职责。但之所以被称为文人，因为他们同时有着对文学的美的追求，这表现为他们在文学创作过程中的创新、推敲、辩难、思考与总结。

在这方面，杜甫是一个代表。杜甫一生坎坷，遭逢安史之乱，在长江一线颠沛流离，但他从来没有放下对诗歌创作的琢磨与切磋。杜甫在诗歌创作上的开创之功表现在很多方面，如对诗律的规范、对锤字炼句的熟练掌握，还有以诗为史的诗歌价值的开拓。“为人性僻耽佳句，语不惊人死不休”，这是杜甫对自己不懈追求诗歌艺术之美的最佳写照。另外，像为人们所熟知的“鸟宿池边树，僧敲月下门”的推敲诗人贾岛，还有宋代被黄庭坚称为“闭门觅句陈无己”的陈师道，他们的诗歌未必有深邃的思想，但却充满着对美的向往。

当然，艺术的美不仅体现在技巧的琢磨上，更来源于对生活的感悟，只有深刻体察历史与现实的人才能够敏锐地觉察到历史的沧桑宏阔与眼前的涟漪微波。正如大诗人李白，他的诗歌充满了排山倒海般的想象，似乎天地也可玩转于掌心之上，这与他对自己放浪形骸的生活和大唐盛世包罗万象的社会有着心有灵犀的通感密不可分。而杜甫的“感时花溅泪，恨别鸟惊心”之所以令人恸心，也是因为诗人在安史之乱的社会动荡中敏锐地觉察到世情对人心的影响。

上层文人相比下层民众来说，有着令人艳羡的权力与才能，但宦海浮沉，每个人的命运又似乎不掌握在自己手中，这种人生的起起落落，造成了他们的良多感慨。幸运者如王维，一路走来仕途顺利，人生的历练换一份淡泊与高远，于是才有了“行到水穷处，坐看云起时”的淡然。不幸者如柳永，做了个白衣卿相，只能混迹青楼，写下“不忍登高临远，望故乡渺邈，归思难收。叹年来踪迹，何事苦淹留？想佳人，妆楼颙望，误几回、天际识归舟。争知我，倚阑干处，正恁凝愁”。而更多的人，则是经历了起起落落，既有“春风得意马蹄疾，一日看尽长安花”这金榜题名时的得意潇洒，也有“明朝望乡处，应见陇头梅”这样被贬谪出京回望故乡时的怅然若失。

当然，文人的感慨不仅仅源于生活轨迹的变故，更在于日常的发现与感触。如辛弃疾的《沁园春·将止酒戒酒杯使勿近》：

杯汝来前，老子今朝，点检形骸。甚长年抱渴，咽如焦釜；于今喜睡，气似奔雷。汝说“刘伶，古今达者，醉后何妨死便埋。”浑如此，叹汝于知己，真少恩哉！

更凭歌舞为媒。算合作人间鸩毒猜。况怨无小大，生于所爱；物无美恶，过则为灾。与汝成言："勿留亟退，吾力犹能肆汝杯。"杯再拜，道"麾之即去，招则须来。"

明明是辛弃疾自己说要戒酒，但却让酒杯不要靠近自己。凭借着与酒杯的对话，辛弃疾表达了自己对南宋朝廷安于长江以南，不再打算北上收复中原的失望。整日以酒消愁，才有欲戒而不得的郁闷心情。

总之，上层文人通过诗歌、词曲或文章等文学作品所表达的，正是他们内心最为深切的情怀。正是因为他们对社会、对人生的思考，才成就了所谓的雅正文学，并让它们在后人的共鸣中代代流传，成为古代文学领域中永远的丰碑。

2. 世俗的吟唱

在雅正的诗文作品之外，还存在着一个光彩夺目的世俗文学世界。在这个世界里，含蓄似乎没有了市场，典故也失去了它的受众，只有自然酣畅、生动活泼才是世俗文学存在的基本形态。因为世俗文学的市井化，导致它并不能为官方、上层文人所接纳，甚至经常被朝廷斥为淫书或邪书而予以禁止。但这些阻力并不能够阻止世俗文学的蓬勃生长，因为新兴的市民阶层已经崛起，他们的精神文化需求同样是热切的。在这样的社会背景下，世俗文学展现出了它强大的生命力和崭新的文学面貌，为下层社会的人民吟唱着属于他们自己的人性赞歌。

所谓的世俗文学，其兴盛是在宋代。宋代商品经济的繁荣，通过《清明上河图》就可窥见一斑。北宋都城开封的街道两边，排列着数不清的商铺，来来往往的商人熙熙攘攘，正是这样的商人和市民群体，促进了世俗文学的勃兴。

世俗文学，就其体裁而言，有话本、杂剧、南戏、散曲、诸宫调等。话本是说话艺术的底本，“说话”，大致就像现在的评书。现在评书一般是这样的：说书人站在那里，声情并茂地讲述一个情节复杂、人物众多的故事，往往一讲就是好几百回，所以在每回开始之前，就会说上回我们讲到某某处，结束的时候也有套语，往往是“预知后事如何，且听下回分解”。说话艺术也是类似的方式，而且按照内容的不同，说话艺术又分为四种，分别是小说、讲史、说经和合生。除了合生比较需要说书人当场发挥之外，前三种都有现成的底本，让说书人的发挥有个根据，而这个底本就叫作话本。

说书固然有意思，但要是跟唱戏比起来，就略显逊色了。戏曲的创作在世俗文学中蔚为大观。属于戏曲的杂剧、南戏、诸宫调三种基本都出现在元代。

元代是一个短暂但又特别的朝代，因为它是少数民族的政权，而且是剽悍的蒙古族政权，所以它在吸收先进的汉族儒家文化的同时，也保留了其原有的粗野狂放的一面，其中就包括对儒家正统的一点轻蔑。由此，元代举办科举考试的时间非常不稳定，开科次数又极少，这导致了许多汉族文人无法通过科举进入仕途，也就成了真正的无用书生。并且，元代政治并不清明，贪赃枉法、徇私舞弊的现象层出不穷，这使得不少具有相当社会道义感的文人转而投向戏曲，通过自己手中的笔，表达对社会的不满和对美好事物的追求。

当时著名的杂剧作家，有关汉卿、白朴、马致远、纪君祥等。关汉卿是一个奇才，他在散曲中自称“我是个蒸不烂、煮不熟、捶不扁、炒不爆、响当当一粒铜豌豆”，反映了他相当狂傲倔强、幽默睿智的个性。而关汉卿的杂剧，最为有名的大概是《窦娥冤》了，在观看这部杂剧时，窦娥那横眉立目、赌咒六月飞雪、怒斥昏官的形象，给人以深深的震撼。

此外为大家所熟知的，是王实甫的《西厢记》。官家小姐崔莺莺和贫贱书生张生在红娘的帮助下，冲破了崔莺莺之母的阻挠，有情人终成眷属，表达了当时广大人民对自由恋爱、自由婚姻的渴望，也从更深的层次上说明了市民阶层崛起之后，面对日益束缚人性的封建礼教，已经具有了一定的反抗意识。

王实甫《西厢记》插画

待到明代，皇权的强化造成的专制枷锁更加深重，人民的思想被严重禁锢。明代的东厂西厂不仅监督官员，也监督百姓，若有人胆敢反抗朝廷，说官家坏话，必然是没有好下场的。在思想上，封建礼教的束缚集中反映在对妇女的压迫上。翻看明代的地方志，随手可见对贞妇烈女的称赞。而女性追求幸福的行动，也就在道学家的压制下，变得愈发艰难。

明代最为优秀的传奇作品《牡丹亭》，就表现了人之情欲与封建礼教对抗的残酷性。剧中的大家闺秀杜丽娘受到父母严格的限制，但她仍然意识到青春的萌动与爱情的高贵，遂说出“原来姹紫嫣红开遍，似这般都付与断井颓垣。良辰美景奈何天，赏心乐事谁家院？朝飞暮卷，云霞翠轩，雨丝风片，烟波画船。锦屏人忒看的这韶光贱”！

明末清初，伴随着明代的覆灭与清人的入关，一大批有识之士开始反思晚明社会的种种弊端，历史剧与爱情剧在这一时期都收获颇丰。清康熙朝出现的洪昇的《长生殿》与孔尚任的《桃花扇》，将传奇这一戏曲形式推向了顶峰。尤其是孔尚任的《桃花扇》，以清初人写明末历史，完全可以称之为现实历史剧。但在这之后，元代的杂剧与明代的传奇就逐步走向衰落，走向文人化、案头化，真正有活力的是正在蓬勃兴起的地方戏以及京剧。

地方戏又称为“花部”，它是与当时称为“雅部”的昆曲相对称的。昆曲原来也是一种地方唱腔，明代传奇剧多用昆山调演唱，遂形成昆曲。昆曲因为经过了规范化，且声调优美，得到了社会大众和上层士人的喜爱，所以被广泛认可，成为可登大雅之堂的剧种。而其他地方戏曲则只是局限在比较小的地域内。乾隆年间，这种局面渐渐被打破，地方戏剧逐渐突破地域的限制，往北京和扬州这两大城市迈进，在这两个大舞台上各显身手，并逐渐融合。尤其是在北京，安徽的戏班以徽调为基础，融合湖北的楚调和其他唱腔的优点，采用北京语言，适应北京的风俗，形成了京剧。

与雅正文学形成鲜明对照的是以戏曲为代表的世俗文学，其产生与发展的主要动力是市民阶层的精神需求。在勾栏瓦肆或者祠堂的戏台上演出的演员，他们最希望看到的，就是人头攒动的戏场和阵阵的喝彩声。这是市井小民看热闹的地方，也是他们表达心声的地方，台上的演员只有真正唱出小民们对社会的褒贬，才能赢得观众的叫好。

二、集部书籍的编纂及书目举例

集部作为经史子集四部分类法中的最后一类，有着自己鲜明的个性，那就是它与政治的牵扯最少，而与人的心灵关系最密切。一段文学史，就是一段心灵史。透过一首诗、一段曲，我们可以感受到古人的所思所想，也会因为和古人有着相同的感受而心有戚戚，更可以通过体会古人某些高尚的理想，转而在面对现实的时候，变得更加坚定，更加从容。

集部的主要类别，是楚辞、别集、总集、诗文评和曲词。与古人对话，最好的对象大概是别集了。别集是一个作者的作品集合，虽然不一定完整地保留了作者的全部作品，但观其大略的目的还是可以实现的。那么，这些作品集都是怎么出现并流传下来的呢？是作者自我编辑的结果，还是有其他人的参与？下面，我们就以别集为主要对象，介绍一下集部书籍的编纂过程，并列举几本集部的书籍，让大家再次感受一下文学的魅力。

1. 集部书籍的编纂

我们先来看看别集的编纂。别集的编纂在魏晋南北朝时期就已经兴盛起来。魏晋南北朝是个有些混乱的年代，文人创作的作品，似乎一不小心就会丢失不见，所以文人们开始留意保存自己的作品，而其他喜欢这些作品的人也愿意做整理的工作，于是，较早的文集就这样出现了。到了唐代，文人数量大增，创作的诗文也如雪花般不计其数。为了能够把这些诗文保存下来，也为了能流芳百世，不仅文人自己，而且有更多好事者也参与到诗文的编纂中来。正是因为这些人的努力，我们现在才得以看到这样丰富的唐人作品集，感受唐代浩瀚灿烂的诗歌海洋。

唐代别集的编纂途径有很多，当代学者梅新林做过总结，大致可分为作者自编、托人代编、朝廷征编、亲友门人承编以及好事者辑编这五种。

作者自编很好理解，有的作者在平时创作之余注意积累自己的作品，并做初步的整理，日后待他人编辑成册；有的则非常有意识地自己动手，编成各种诗文集。这里又有两种情况，一种是把自己写得好的编成一册，随身携带，遇有好的机遇，就把自己的文集献上，希望能得到高级官员的赏识和提拔；另一种是作者到了晚年编集，因为要给自己一生的诗文创作来个总结，此时就会更加偏重作品的完整性，即使有的作品水平有限，也会存在敝帚自珍的感情，把它收录进去。这样的诗文集若能流传到现在，是大家最看重的了。因为诗文创作本身就是一件非常个人化的行为，若诗文编辑也由作者一人完成，那这部诗文集就能非常全面地反映作者的人生经历和思想变化，这正是研究诗人与诗作不可多得的第一手材料。唐代诗人白居易对自己作品的编纂就非常积极，从他第一次自编诗集十五卷开始，到三十年后编定《白氏文集》七十五卷本为止，一生自编别集近十次。白居易现存诗歌近三千首，这在我国古代诗人中绝对称得上是佼佼者。这样庞大的数量，不仅因白居易勤于创作，更与他一生不断地自编诗集，并喜欢藏到寺院和道观这样利于保存的地点关系密切。

托人代编，这种方式也很好理解。唐代诗人里有很多一生漂泊之人，他们居无定所，也没有心情整理自己的诗集，于是就把创作的诗文交给他们的亲属或友人代为编纂。最有代表性的诗人是李白，李白的潇洒风流，正如余秋雨所言："酒入豪肠，七分酿成了月光，还有三分啸成剑气，绣口一吐，就是半个盛唐。"这样放浪形骸的生活，很难想象李白能静坐一处，面对桌案上摞成小山一样的诗文，耐心地分类整理。所以，这样的工作，也只能交给别人来做了。李白第一次把稿子给了魏颢。魏颢不是李白的亲属，而是李白的粉丝。他对李白的崇拜致使他一路追随着李白的踪迹，行走大江南北，最终在扬州见到李白。魏颢也是一个狂士，两人一见如故，李白也就放心地把自己的诗文交给了魏颢，于是就有了《李翰林集》。第二次，李白把诗文交给了倩公，此倩公不知为何人，但应是李白非常看重的一个人，所以李白“仆平生述作，罄其草而授之”，可惜这部草稿最后却不知所踪。最后一次，李白把稿子给了他的族叔李阳冰。李阳冰也不是个简单的人物，他是中唐时期的文学家、书法家，而且也是一方官员。李阳冰很重视李白，称赞他“千载独步，惟公一人”，所以得到手稿之后，编成《草堂集》十卷，并为之作序。除李白之外，请他人代为编集的，还有杜牧、白居易、李贺、柳宗元等。可以说，这种形式在唐代也是较为常见的。

朝廷征编。这种形式主要是为了适应皇室的需要，为了满足皇帝的阅读喜好，令某位诗人精心选择自己的诗作进呈给皇帝。唐代的诗人元稹就特别得到皇帝的喜爱，所以“穆宗前后索诗数百篇，命左右讽咏，宫中呼为元才子”。皇帝的喜爱最容易引领诗歌的风尚，也最容易抬高诗人的声誉和名望，因此能够得到如此待遇的诗人，大部分都成为当时诗坛的领袖人物。还有一种征编诗集的动因，是出于皇室藏书的需要，因此这类征编最大的特点是要求做到全面，对精美的要求则相对不高。初唐四杰之一的骆宾王，曾经反对武则天称帝，就是这样身份的人，武则天的三子、中宗皇帝李显还下诏命人搜集整理《骆宾王文集》。他又命史臣纂辑《昭容上官氏文集》，也就是上官婉儿的文集，并令当朝宰相张说作序。更令当时诗人感到激动的是，深居简出的皎然和尚的诗，朝廷也发牒，要求当地官员予以征集。以上可以看出，朝廷对诗歌的重视，已经超越了诗人的身份限制。在这种风尚下，唐朝迎来诗歌创作水平的高峰，绝对是顺理成章的事情。

亲友门人承编。有的诗人生前并没有自编诗集，也没有托他人编纂，在他身后，他的好朋友、亲属、或者弟子自然有责任承担起为其编集的工作。初唐吕才为诗人王绩编辑《东皋子》、杨炯编辑《王勃集》、卢藏用编辑《左拾遗陈子昂集》，都是编者在友人身后为其编纂诗文集的著名例子。然而更为普遍的现象则是诗人的后代为其整理文集，这在重视孝道的中国，也是十分自然的事情。一般来说，子孙编辑父辈、祖辈的文集，都会请与父、祖关系比较好的友人，而且是有名气的人来为诗文集写序跋，以提高身价。唐代许多著名诗人，如刘禹锡、柳宗元、独孤及等人，之所以集序特别多，就是因为来请他们写序的人多。而在没有后代的方外之人那里，则是由弟子为师父编辑诗文集，如释贯休的弟子昙域就为其编辑了《禅月集》，而且后来还刻板印行，灵澈门徒秀峰为其师父编辑《澈上人文集》，也是一样的例子。佛家十分重视文献，敬惜字纸是他们的传统，因此，除了僧诗之外，许多文人的诗集也因借寺院之力得以保存。

最后一种，是由好事者主动承担起编辑文集的责任。诗人身后也许家道中落，或者子孙没有什么文化，这就使得整理文集变得有些困难。而此时，一些喜爱这些诗人作品的好事之徒就会主动请缨，整理诗人的作品集。这样的事例也有不少，如樊晃在杜甫去世后不久就为其编辑了《杜工部小集》。当然，在编辑的过程中，也会出现随己意增删诗作的情况，但就保存诗作来说，还是要肯定这些人的功劳。

以上所述，是唐代别集的编纂情况。到了宋代，除了这几种途径之外，新出现的最为突出的方式就是书商纂辑。商人是最会把握机遇的一群人，当某位诗人的作品特别受欢迎时，他们就会主动出击，搜罗这些诗人现存的诗作，而且求全求异，以期在同行之间的竞争中胜出一筹。但是书商纂辑有个最大的问题，就是他们文化水平不高，有时候为了编所谓的“全集”，也会将别人的诗冒充此人的诗，造成诗作归属的混乱。但是书商出诗集也有好处，扩大了诗人诗作的影响，也在一定程度上反映了社会大众欣赏诗作的流风所向。

宋代以后，文人别集编纂的形式趋于稳定，文集的数量也越来越多。直到近现代，当一些作家进入到创作总结期时，也往往会编辑一套文学作品总集，作为自己一生心血的结晶。

2. 集部各类书目举例

集部书目分类简单，楚辞类最著名的就是屈原的《离骚》，当然，其他作品如《九章》《九歌》《天问》等，也是极富浪漫主义气息的作品。这里就举《九歌》的第九首《山鬼》，作为了解楚辞的一个窗口：

若有人兮山之阿，被薜荔兮带女萝；既含睇兮又宜笑，子慕予兮善窈窕；

乘赤豹兮从文狸，辛夷车兮结桂旗；被石兰兮带杜衡，折芳馨兮遗所思；

余处幽篁兮终不见天，路险难兮独后来；表独立兮山之上，云容容兮而在下；

杳冥冥兮羌昼晦，东风飘兮神灵雨；留灵修兮澹忘归，岁既晏兮孰华予；

采三秀兮于山间，石磊磊兮葛蔓蔓；怨公子兮怅忘归，君思我兮不得闲；

山中人兮芳杜若，饮石泉兮荫松柏；君思我兮然疑作；

雷填填兮雨冥冥，爰啾啾兮穴夜鸣；风飒飒兮木萧萧，思公子兮徒离忧。

山中的女神身材婀娜，顾盼流光，乘着赤豹，驾着辛夷车，在险峻的山路上奔驰。山中阴暗，风雨时作，岁月流转。女神在山间采着花朵，等待着出而忘归的公子。屈原笔下的女神受着爱情的煎熬，如同他不能得到楚怀王的信任而内心郁结。总之，屈原的作品，如湘江水一般蜿蜒又多情，充满了荆楚地区独有的浪漫情怀。

接下来是别集。别集的作品何其多，不论诗歌或散文，平时大家都会有所涉猎，这里举一篇明代散文大家归有光的文集《震川先生集》中的作品，也是笔者最喜欢的古文之一——《项脊轩志》：

项脊轩，旧南阁子也。室仅方丈，可容一人居。百年老屋，尘泥渗漉，雨泽下注；每移案，顾视无可置者。又北向，不能得日，日过午已昏。余稍为修葺，使不上漏。前辟四窗，垣墙周庭，以当南日，日影反照，室始洞然。又杂植兰桂竹木于庭，旧时栏楯，亦遂增胜。借书满架，偃仰啸歌，冥然兀坐，万籁有声；而庭堦寂寂，小鸟时来啄食，人至不去。三五之夜，明月半墙，桂影斑驳，风移影动，珊珊可爱。

然余居于此，多可喜，亦多可悲。先是庭中通南北为一。迨诸父异爨，内外多置小门，墙往往而是。东犬西吠，客逾庖而宴，鸡栖于厅。庭中始为篱，已为墙，凡再变矣。……余自束发，读书轩中，一日，大母过余曰："吾儿，久不见若影，何竟日默默在此，大类女郎也?"比去，以手阖门，自语曰："吾家读书久不效，儿之成，则可待乎!"顷之，持一象笏至，曰："此吾祖太常公宣德间执此以朝，他日汝当用之!"瞻顾遗迹，如在昨日，令人长号不自禁。

……

余既为此志，后五年，吾妻来归，时至轩中，从余问古事，或凭几学书。吾妻归宁，述诸小妹语曰："闻姊家有阁子，且何谓阁子也？"其后六年，吾妻死，室坏不修。其后二年，余久卧病无聊，乃使人复葺南阁子，其制稍异于前。然自后余多在外，不常居。

庭有枇杷树，吾妻死之年所手植也，今已亭亭如盖矣。

然后是总集。总集在上文中提得比较少，它的价值和意义将在下文介绍。清代的文人严可均曾经辑了一部总集，称为《全上古三代秦汉三国六朝文》，从各类书中将先秦以至六朝的文章做了搜集整理，这个工程量是非常巨大的，独此一点，就应该为严可均喝彩。而且，这个时段里的许多文章，因为经历了漫长的岁月，大多数都散佚了，还有的文章则散落在不知名的书中，也容易被忽略，而编到总集里以后，凭借着这样庞大的卷帙，这些文章就能很好地保存下来，这也是总集编纂的一个大功劳。我们举严可均的《全文》中一则南朝梁代文人吴均的文章《与朱元思书》（部分）：

风烟俱净，天山共色。从流飘荡，任意东西。自富阳至桐庐，一百许里，奇山异水，天下独绝。水皆缥碧，千丈见底。游鱼细石，直视无碍。急湍甚箭，猛浪若奔。夹岸高山，皆生寒树，负势竞上，互相轩邈；争高直指，千百成峰。泉水激石，泠泠作响；好鸟相鸣，嘤嘤成韵。蝉则千转不穷，猿则百叫无绝。鸢飞戾天者，望峰息心；经纶世务者，窥谷忘反。横柯上蔽，在昼犹昏；疏条交映，有时见日。

大家可能都有这个体会，就是写景的文章很难写好，然而吴均的这则书札，却将富春江一段水域的景色描写至极致，其中动用的感官与修辞，可以说恰到好处，足以为后人凭借。

诗文评，是对诗文作品的评论，这是中国古代文学不可或缺的组成部分。其中，诗话的数量最多，而词话相对较少，对文章的评论，则多散在评论家的散文中，这里主要介绍诗话。诗话类的著作，最早有南朝梁代刘勰的《文心雕龙》，之后有同时代的钟嵘的《诗品》，这两部中国古代文论的开山之作，以其极高的鉴赏力奠定了后世诗文评论的基调。即使在今天，讨论古代诗作，仍然要在相当程度上以二书为重要参考。之后，诗话的发展在宋代达到兴盛，明清则沿其余波而更加深刻。较为有名的诗话，有宋代欧阳修的《六一诗话》、严羽的《沧浪诗话》、张戒的《岁寒堂诗话》。此处仅举清代王夫之《薑斋诗话》的内容作为参读：

> 无论诗歌与长行文字，俱以意为主。意犹帅也。无帅之兵，谓之乌合。李、杜所以称大家者，无意之诗，十不得一二也。烟云泉石，花鸟苔林，金铺锦帐，寓意则灵。若齐、梁绮语，宋人抟合成句之出处，役心向彼掇索，而不恤己情之所处发，此之谓小家数，总在圈缋中求活计也。
>
> ……
>
> “僧敲月下门”只是妄想揣摩，如说他人梦，纵令形容酷似，何尝毫发关心？知然者，以其沉吟“推敲”二字，就他作想也。若即景会心，则或“推”或“敲”，必居其一，因景因情，自然灵妙，何劳拟议哉？“长河落日圆”，初无定景；“隔水问樵夫”，初非想得。则禅家所谓“现量”也。

王夫之在这里特别强调“意”，也就是诗人主观的情感。主观情感赋予自然景物，两相激发，才能得到好诗。所以他批判贾岛的“推敲”，认为他只是在虚构场景，而并不关心此景中人物的内心动向，所以，这种妄想也只是徒劳，并不能得到好诗。

集部的最后一类是词曲。词与曲都与音乐有着密切的关系。我们读宋词，其题目都包含有词牌名，不同的词牌代表着不同的曲调，而作词又叫填词，写出来便可以配乐歌唱。曲则更加是要唱的，前文“世俗的吟唱”中已经提到过很多戏曲。这里，就列举一段明代李开先的传奇剧作《宝剑记》中的名段《林冲夜奔》的唱词，以窥中国古代戏曲之崖略：

> 【新水令】按龙泉血泪洒征袍，恨天涯一身流落。专心投水浒，回首望天朝。急走忙逃，顾不得忠和孝。
>
> 【驻马听】凉夜迢迢，凉夜迢迢，投宿休将他门户敲。遥瞻残月，暗度重关，奔走荒郊，俺的身轻不惮路迢遥，心忙又恐怕人惊觉。吓得俺魄散魂消，魄散魂消，红尘中误了俺武陵年少。
>
> ……
>
> （白）想俺林冲，在那八十万军中，作了禁军教头，征那吐蕃的时节呵。

这一节讲林冲火烧草料场，往梁山奔去的路上，心中万分煎熬。从这段唱词中可以看出，明代传奇的语言已经比较文学化，且特别注重人物心理的描写与刻画。这对于表达人物的心声、唤起观众的共鸣，是非常有助益的。

三、集部逸事

1. 朱熹《晦庵集》里的奏折与一桩冤案

文人的生活是丰富多彩的，那些高雅的诗歌与散文虽然是我们主要的欣赏对象，但有时候，关注一下其他类型的文章，也同样会让我们惊叹不已。现在，就让我们来关注一下南宋大儒朱熹的文集《晦庵集》以及其中的奏章，看看这里面究竟揭示了一件什么样的案子。

提到朱熹，大家的反应多半是：这人是个呆板的理学家。历史就是这样的，一旦给人贴上标签，想再翻身就不容易。但历史总是鲜活的，就像我们每天的生活，随时都有可能发生一些意想不到的事情。而朱熹碰到的这件事，的确也产生了意想不到的重要影响。

朱熹生活的年代是南宋中期，主要是宋孝宗时期。当年，朱熹也是宋孝宗看重的一名官员，所以让他去做提举浙东常平茶盐公事。这官听起来似乎就是一管民生的地方官，但事实上，当时的茶盐由国家专卖，管理这个事情，那绝对是一个肥差啊。不过，朱熹做的这个提举，似乎不专管经济上的事情，而是侧重监督官员的不法行为。朱熹这个人非常认真，既然要监察官员，就一定要为民除害。于是，仅在南守淳熙八年（1181），这一年的时间里，朱熹就弹劾了好几个地方大员，包括上户朱熙绩，衡州守李峄，衡州元差监酒库张大声、孙枚，知宁海县守王辟纲等等。弹劾之后不久，朱熹的矛头对准了一个地位更高的官员——台州太守唐仲友。

朱熹对唐仲友的事迹有所耳闻首先是通过民间。老百姓跟朱熹反映，唐仲友贪赃枉法、徇私舞弊。既然群众都反映了，朱熹自然要去做一番调查。凭着那股认真劲儿，朱熹还真把唐仲友的所作所为调查了个水落石出，并且都写成奏折上奏给了朝廷，要弹劾唐仲友，免了他的官。

这些奏折后来都收到朱熹的文集《晦庵集》中去了，题为《按知台州唐仲友》，共有六状，加上题为《奏台州免纳丁绢状》等相关的奏折，总共有十状之多。其中，《按知台州唐仲友》第三状说道："仲友自到任以来，关集刊字工匠，在小厅侧雕小字赋集，每集二千道。刊板既成，搬运归本家书坊货卖。其第一次所刊赋板印卖将漫，今又关集工匠，又刊一番。凡材料、口食、纸墨之类，并是支破官钱。又乘势雕造花板，印染斑撷之属，凡数十片，发归本家彩帛铺，充染帛用。"

这是讲唐仲友管辖之下，有一个犯人是刊刻工人，于是，唐仲友就利用这个便利，让这个刻工给自己刻书，刻的书是“小字赋集”，这是本什么书呢？这书书名叫《后典丽赋》，辑录古今律赋而成。要知道当时的士子考科举也是要做赋的，所以，这种书就类似现在的高考作文选，特别好卖。唐仲友让犯人免费帮他刻书，其他花费也一律是公款开销，等书刻完之后，他可没让公家得到一点好处，径直把书板拉回自己家的书铺，印书卖钱。自然，这钱都是进了唐仲友自己的腰包。更加可气的是，唐仲友还让犯人帮着刻了印花布用的板子，也拉到自家彩帛铺，充当染帛的花样了。

唐仲友的腐败行为让朱熹十分生气，所以奏折上也写得特别详细，想让朝廷震怒，然后一举免了唐的官，但朝廷却始终没有动静，这是为什么呢？原来，人家唐仲友在朝廷里有人，当时的宰相王淮是唐仲友的姻亲，自然帮着说话。不仅如此，还编造了一个故事来诬陷朱熹，让朱熹很长一段时间都被后人认为是心胸狭隘之人。

这个编造的故事在明代被改编，收在凌濛初编著的《二刻拍案惊奇》中，题目叫《硬勘案大儒争闲气，甘受刑侠女著芳名》。故事的来龙去脉是这样的，说唐仲友恃才傲物，看不上朱熹，而朱熹又很推举陈亮。陈亮有次出游，碰到妓女严蕊，一见倾心，就拜托唐仲友给严蕊赎身。唐仲友跟严蕊说："你跟着陈亮可是要过苦日子的啊！"严蕊一听，就对陈亮不像以前那么好了。陈亮知道后非常生气，就去找朱熹，跟朱熹说："唐仲友说你不识字，怎么能当官呢？"朱熹一听也来气了，就想陷害唐仲友。他从严蕊下手，对严蕊严刑拷打，想让小女子承认她和唐仲友有奸情，但严蕊死活不承认。不久，朱熹离职，接任者为岳飞之子岳霖，他看到严蕊憔悴可怜，就放了严蕊，且判其从良。

在这个故事里，朱熹成了一个彻彻底底的小人，不仅心胸狭窄，听不得别人说他不好，而且还心肠歹毒，为陷害别人不惜对弱者严刑拷打。这个故事一出现，朱熹就背上了黑锅。但事实是唐仲友和朱熹交涉，却被宰相王淮归纳为"秀才争闲气"，说唐仲友尊蜀学，也就是三苏之学，而朱熹尊程学，也就是二程之学，二人因为学问取向上的不同，所以才会斗气。实际上是向宋孝宗掩盖了唐仲友的真实面目。宋孝宗听了这话，自然乐呵，自古文人相轻，唐仲友和朱熹争闲气，也就作为笑谈，一笑置之了。

历史总是跟人开玩笑。真实的历史虽然保存在朱熹的奏折中，但无人会关注。虚构的戏曲与小说，却被搬到戏台上一遍遍演出，成为人们认识历史人物的一个最为简易的途径。桃色新闻在当今社会是足以把官员拉下台的利器，但在宋代，若有这样的桃色新闻，却会作为官员的风流韵事而变成美谈。唐仲友的贪腐不管多么严重，一旦有这样的桃色事件作为掩护，就立刻淡出了人们的视线，也借此逃脱了国法的惩罚。

然而事件到此，并没有结束。就在朱熹弹劾唐仲友的同时，朝廷里有一些人向宋孝宗上奏：朱熹等人提倡的“道学”是欺世盗名之学，应该禁止传播。《宋书·郑丙传》载：

> 朱熹行部至台州，奏台守唐仲友不法事，宰相王淮庇之“熹章十上”，丙雅厚仲友，且迎合宰相意，奏：“近世士大夫有所谓道学者，欺世盗名，不宜信用。”盖指熹也。于是监察御史陈贾奏：“道学之徒，假名以济其伪，乞摈斥勿用。”道学之目，丙倡贾和，其后为庆元学禁，善类被厄，丙罪为多。

自此以后，道学的禁止长达十年之久，直到南宋末年，宋理宗才在朱熹后学的建议下为“道学”平反，而此时，朱熹已经去世三十年了。道学在元明之际一直是官方的显学，然而在道学兴盛的宋代，它竟一度被斥为伪学，而且其被禁止的原因居然与朱熹弹劾唐仲友一事有这样密切的关联，实在是让人不禁唏嘘，感叹世事的变幻。

不过，也总是有人能够看到事情的真相，宋代俞文豹在他的《吹剑录外集》中记录有这样一段话：

> 淳熙九年，晦庵为浙东提举，按台州唐仲友不法。垂相王淮与唐姻故，使察院陈贾弹之，侍郎郑丙目为伪学，遂以祠去。太学诗曰："周公大圣独遭谤，元晦（朱熹）真贤亦被讥。堪叹古今两陈贾，如何都把圣贤非！"

2. 钱谦益与其书之幸与不幸

钱谦益是风云变幻的明清之际最为光芒四射的人物之一。他生于明万历十年（1582），殁于清康熙三年（1664），活了八十三岁，可谓高龄。在这不短的生命岁月里，钱谦益成就了一番平常人难以企及的大事业，但也背负了只有处在风口浪尖之人才能体会的历史的耻辱。正是这些大风大浪，让钱谦益的政治生涯和文史研究变得格外丰富，也格外厚重。

钱谦益的官宦生涯可谓是起起落落。从小喜爱文史，青年读书的他，终于在二十八岁得中进士。岂料刚刚入朝为官不久，就因丁忧赋闲回家，在家一待就是十年。在这十年的时间里，钱谦益到处结交友朋，增广见闻，并结识了日后对自己影响最大的嘉定学者程嘉燧。万历四十八年（1620），他重新回到朝廷，不久因为一起公案又被罢免。直到两年之后，他才再次被召回朝，担任翰林院编修，纂修《神宗实录》。在这段与文字打交道的时间里，钱谦益抄录了很多世间罕见的珍稀古籍，翻阅了大量的明代史料，不仅为他日后修纂明史积累了宝贵的史料，也让他对明代的历史有了更加深刻的认识。在遭到又一次政治牵连之后，钱谦益便轻舟南归，在南归的途中，他根据自己在皇家档案馆里看到的明代初年的材料，开始撰写《开国群雄事略》，并为《明史》的编纂做前期的准备工作。

修史是一个并不简单的活计，唐代之前，私人修史还很兴盛，唐代便规定，私人不得修史。在司马迁开创的史书体例指引下，中国的史书大多是王侯将相的史书，很少有今天时髦的社会史、生活史，而国家大事都是统治阶层在谋划，他们如何能容许私人轻易地记录并评论自己的所作所为呢？所以，唐宋时期，私人修史的确比较少。到了明代，社会思想的大开放，导致了私人修史的重新兴盛。虽然说明代学风空疏，但一批有识之士在反思当代社会的弊端时，往往还是要通过编纂史书，寻根溯源，以发现当代弊端的根由。而钱谦益作为明末大家，在文坛“四海宗盟五十年”，在政坛“领袖两朝”，也的确是有心来追溯明朝的历史，做一番历史的反思的。

钱谦益在崇祯元年（1628）第四次回到朝廷，做了礼部右侍郎兼翰林院侍读学士。如同前几次回朝一样，这次也同样好景不长，很快又被革职回家。在崇祯十年（1637），还遭人陷害，被关押入狱。监狱生活没有给他多少折磨，反而让钱谦益可以安心读书，在学问上又精进良多。出狱后，钱谦益搜集天下藏书，聚于一室，名之曰“绛云楼”，并与当时的藏书家、刻书家曹溶、毛晋等往来应酬，遂成为名冠江南的藏书大家与版本目录学家。几年之后，钱谦益的弟子瞿式耜主持编纂并刻成了《初学集》，这本书不仅是钱谦益当时文史研究成果的综合反映，也奠定了钱谦益在明末文坛的领袖地位。

正在钱谦益勤奋于自己的文学和史学事业时，没落的明朝走上了它的绝路。崇祯十七年（1644），李自成打到北京城，崇祯皇帝在皇宫北面的煤山上自缢，明朝的宗室及遗留大臣仍不死心，在南京拥立福王，仓促中建立了南明小朝廷，钱谦益也被引荐为礼部尚书。当后来清兵南下时，钱谦益和其他官员选择了投降，还担任了清王朝的官员，但时隔不久，钱谦益就托病，辞官归乡。

说来可惜，钱谦益一生英名，就因为他的降清之举毁于一旦，不仅明朝的遗老遗少会瞧不起他，就连清朝的统治者都说他不能为前朝尽忠，是个没有节操的贰臣。钱谦益为什么会投降，陈寅恪先生说他是因为性格懦弱，在强势逼迫下，不得已选择投降。当然，我们现在已无法还原钱谦益的心路历程，但观察他后来的所作所为，就知道投降清朝并不是钱谦益心甘情愿的。因为后来，钱谦益与柳如是一起，积极投入到了反清复明的运动中，并利用自己的身份，为起义军队刺探情报。

但这一行为对钱谦益造成的伤痛也是巨大的。自北京城被李自成攻破到他加入到反清复明的集团这段时间，钱谦益没有留下任何诗文。他难以面对，也难以言说，更加不愿意别人再去揭开他内心的伤痛。在此期间，钱谦益更加致力于《明史》的修撰，写成一百卷的皇皇巨著。又接续之前他与程嘉燧共同创意的《列朝诗集》的编纂，以诗歌与史实相印证，拾遗补缺。同时还写了《列朝诗集小传》，为诗集中所选作家作传。

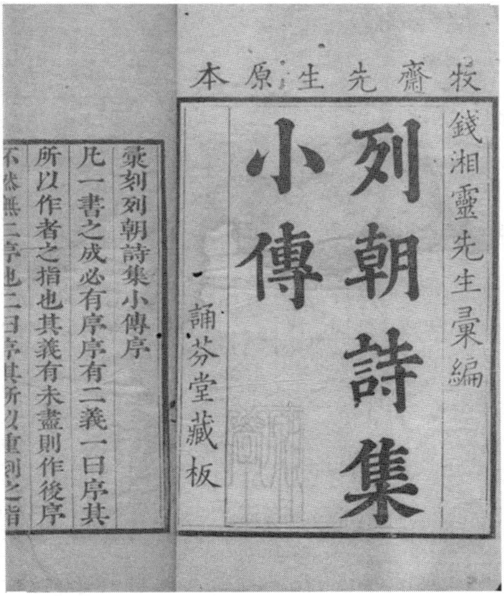

牧齋先生原本

錢湘靈先生彙編

列朝詩集小傳

誦芬堂藏板

彙刻列朝詩集小傳序

凡一書之成必有序序有二義一曰序其所以作者之指也其義有未盡則作後序不然無二序也二曰序其所以重刻之指

《列朝诗集小传》书影

就在钱谦益的著作纷纷而出之时，发生了一件让他无比伤心难过的事情，那就是绛云楼的被烧。钱谦益为其藏书楼取名“绛云”，没想到它的宿命真的是在一片绛色的火焰中走向毁灭。顺治七年（1650）的一天，钱谦益的幼女和奶妈在楼上嬉戏，不慎打翻烛火，将聚集多年之藏书焚烧殆尽。不仅所藏的宋元珍贵版本不复得见，连钱谦益的手稿——《明史》《开国功臣事略》

也被付之一炬，让多少文人史家扼腕叹息！幸而，《列朝诗集》已经完成，并付刊印，没有遭此厄运。从此以后，钱谦益就不再继续修史，而是笺注杜诗，研读佛经，一直到康熙三年（1664）去世。

但钱谦益一生的功过，并没有随着他的去世而盖棺定论。乾隆皇帝在下诏修纂《四库全书》之前，命令将钱谦益的书全部销毁，而且让史馆修《贰臣传》，把钱谦益放在前列，以昭示其背叛先朝之心。整个清朝，钱谦益变成了一个敏感的名字，没有人在朝廷对其定性之后仍然提到他的功过，且清朝乾嘉时期的学术路向也与钱谦益的关注点大异其趣。直到清朝末年，宣统时期，才有人重新刊刻钱谦益的文集《初学集》和《有学集》，钱氏之书也因之而大行于天下。

清末民初，《清史稿》的编纂者并未沿袭清廷的做法，将其列入《贰臣传》，而是将其排列到《文苑传》的第一位，大力称颂他对明末清初文学的提升之功，聊以慰藉钱谦益一生的波折。逮到民国，大学者陈寅恪写作《柳如是别传》，对钱谦益和柳如是这对乱世情侣的复明运动做了细致的考证，寻绎二人的行动，披露钱氏的心迹。辨析精到，评论公允，真可谓是钱谦益的千古知己了。

第六章，经史子集的检讨

清代洋务运动的代表人物张之洞曾经应青年学生的要求，为他们开过一个书单。这个书单雕版印行之后广受好评，成为指导年轻人读书做学问的重要参考，它就是《书目答问》。

张之洞是好读书之人，而且他对读书也有自己独到的看法。他说，读书不知要领，劳而无功；知道哪本书要读但是却没有好的版本，也只能事倍功半。所谓读书不知要领，是说读书摸不到门径，从宏观的角度看，不能把握整个古代学术的框架体系，从微观的角度看，是不知道某些具体知识该向哪本书中寻。而读书没有好的版本，更是害人不浅，就像南宋那个用了校勘不够精审的建阳麻沙本《周易》的考官，用错误的内容考查学生，结果遭到学生的质疑，后来才知自己看到的版本有误，于是闹了大笑话。这个故事记录在陆游的《老学庵笔记》中，原文是这样的：

三舍法行时，有教官出《易》义题云："乾为金，坤又为金，何也？"诸生乃怀监本《易》至帘前请云："题有疑，请问。"教官作色曰："经义岂当上请？"诸生曰："若公试，固不敢。今乃私试，恐无害。"教官乃为讲解大概。诸生徐出监本，复请曰："先生恐是看了麻沙本。若监本，则'坤为釜'也。"教授皇恐，乃谢曰："某当罚。"即输罚，改题而止。然其后亦至通显。

所以，张之洞编写这本《书目答问》的主要目的，就是将驳杂的中国古代知识归纳为简约的门类，让年轻的学生能够一窥学问的门径，不至于因为典籍的浩瀚而显得无所适从；同时又提示出哪些版本比较准确，不至于因书本的错误而误入歧途。

张之洞的这本小册子之所以受到初学者的追捧，一方面是因为他对青年学生的认真负责，"凡所著录，并是要典雅记，各适其用。总期令初学者易买易读，不致迷惘眩惑而已"。另一方面，是因为张之洞所处的年代，已经是中国封建社会的末期，有别于宋代以前，读书人基本上处于抄书以读的窘迫境地，此时的典籍数量，完全可以称得上是浩如烟海。而在这茫茫的书海中，如何寻找到一条属于自己的航道，做出一点成绩，而不是白头尚不能尽一经，的确是很多初学者关心的问题。

《书目答问》一书所要达到的效果，也正是四部分类法设置的目的之一。用学术一点的话说，叫“辨章学术，考镜源流”。但本书所讲的经史子集，又并不仅仅是一个分类法，它同样代表了称作经史子集的这四类书。

亲爱的各位读者，相信你们在通读了前五章的内容之后，对经史子集各部类的主要内容已经有了一个基本的概念，知道它们的主要特点和分类，并能够说出一些代表性的书目。这些书就像是天上的繁星，或闪烁耀眼，或暗淡无光，散布在夜幕之上，显得凌乱而没有规律，只有把临近的星星想象为一个星座时，它们才像散兵找到了队伍，焕发出集体的生命力。“经”“史”“子”“集”这四个字，就像星座的名称一般，它们既是区分不同种类书目的标准，同时又是这类书目的总称。而连在一起的“经史子集”，就是整个中国古代文化的集合体。它的身影，既随着书海的盈缩而肥瘦，也随着整个社会观念的变化而改换各处的布局。总之，经史子集这个概念，在中国古代文化这个维度上是没有变化的，而在时代、地域和思想的维度上，变动却从来没有停止过。

正如本书第二章至第五章的标题所昭示的那样，垂训万世的经部，的确奠定了四部分类法的思想基调，就是更加注重书籍的伦理政治功用价值。所以，被汉代儒家奉为经典的几部权威性著作，《诗》《书》《礼》《乐》《易》《春秋》，因其具有教化人伦、敦厚风俗、指导政治的作用，被置于经部，全然不在意这些书籍本身的属性是文学、哲学、政治、语言、艺术、历史等。兴衰镜鉴的史部，正是记录了在经书指导下的社会的运行状态，孔子说的“吾欲载之空言，不如托诸行事之深切著明也”，明确地指出了史书的作用，在于用事实说话，以免理论的空虚。大千世界的子部，包括儒、兵、法、农、医、天文算法、术数、艺术、谱录、杂家、类书、小说、释家、道家等，包罗万象，就像一部百科全书。而集部则被视为纯粹的文学，所以杂剧、散曲、章回小说这些当时被视为非文学的作品，就被完全排除出去了。

从经部与史部、子部、集部内涵相互重叠、相互包括这一点出发，我们完全可以说，这种分类法是名不副实的，因为它并没有真正揭示书籍本身的性质。它虽然竭力在四部之下分门别类，企图将各种书籍都囊括在这些分类之下，并做到以类相从，但这种努力却在其思想价值取向的牵引下发生歪曲，导致类别和书目的对应不能符合事实。所以，就四部分类法最基本的原则而言，它实际上是一个完整的图书价值体系，具有明显的价值评判功能。在这个体系中，处于第一位的是价值评判，第二位的才是类别划分。所以，四部之间并不是平等的关系，而是有上下等级之别。经部，毋庸置疑是地位最高的，史、子、集的价值等级依次下降。

这种以价值观念为首要原则的分类法，源自我国深厚的传统文化。先秦诸子中，只有墨子讲兼爱，即人人平等，爱无等差，但儒家不讲平等，它讲亲疏有别。儒家认为社会就是应该分等级，公、卿、大夫、士、小民，等级不同，就应该用不同的礼节，享受不同的待遇。而且，这种等级也用于人与人之间，以家庭为单位，分出五服，即五个等级，与自己关系越近的人就应该越亲近，超出五服的亲戚，就可以以一般身份对待。

儒家的等级观念借由经典的权威性而渗入到社会的各个层面。东汉末年以至隋唐前期，官方的官职品阶实行的就是九品中正制，这种将人物分等级，再按照等级授予官职的方式，就是社会等级思想的最好体现。由于官制对社会的影响巨大，在文学领域，也出现了品评诗文等级的风气，如设上、中、下三品的钟嵘之《诗品》，设六品的《古画品录》，还有设九品的《书品》。书籍分类法的草创同样在这个时期，所以也不能脱离这种风气的影响。对于四部的立类原则，《隋书·经籍志》有一个明确的说法，“夫仁义礼智，所以治国也；方技术数，所以治身也；诸子为经籍之鼓吹，文章乃政化之黼黻，皆为治之具也”，十分明确地反映了经部的崇高地位以及其他部类的附属性质。

我们以现代学科分类的角度来看四部分类法，当然能看出它的弊端，但作为中国古代文化的外围框架，四部分类法又是一个结构严密、根基深厚的价值体系。一定程度上讲，四部分类法在整个封建社会，对人们的学术研究都有着十分明确的导向。以经为核心的学术，使得秦汉之后，多数重要的学术思想和社会思想以解经的方式呈现出来，经学被各种学说所利用，让它本身的积淀在越加丰厚的同时，也失去了本来的面目。

当社会的车轮驶入到新的纪元，封建王朝再也不能维系社会人心，四部分类法也就无法再束缚人们的思想。经学作为一种意识形态，也在很短的时间内被解构，被抛弃。西方图书分类法的引进，使得四部分类法面临着被冲破、被取代的境地，但要完全取消它的存在，将四部书完全纳入到西方的知识体系中，又是一件不能一蹴而就的事情。所以，在清末民初的很长一段时间内，西方分类法和四部分类法是同时并行的。传统的中国古籍，仍然采用四部分类法，而从西方译介来的图书，以及由此产生的中国本土新兴图书与知识，就采用西方分类法。直到今天，虽然中国的传统古籍已经被打散到西方分类法当中，有了自己的学科分类号，但在中国传统文化的学术研究上，我们仍然会习惯于使用四部分类法，因为这是那个时代的学术宗尚，是那个时代文人学士的思想底色，只有明了这个庞大的古代知识框架，才能真正了解中国古代历史与文化。

经史子集经典书单

经　部

《周易》

《周易》，即《易经》，包括《经》《传》两部分。《经》相传为周人所作，是《周易》的主体，包括六十四卦和三百八十四爻，卦和爻分别有说明文字卦辞和爻辞。《传》相传为孔子所作，内容主要是解释卦辞和爻辞，共十篇，统称为《十翼》。《周易》并非仅仅是占卜之书，更是古代研究宇宙万物变化规律的典籍。主要注本和读本有唐代李鼎祚的《周易集解》、高亨的《周易古经今注》、金景芳的《周易讲座》。

《尚书》

《尚书》又称《书》《书经》，是虞、夏、商、周四代皇室文献的汇编，主要是誓、命、训、诰一类的号令言辞，也有部分记事的内容，主要传达仁君如何治民、贤臣如何事君的思想。《尚书》各部分内容非一次写就，而是逐渐增加而成，相传孔子曾以《尚书》教授学生。西汉初年存二十九篇，用汉代通行的隶书抄写而成，称为《今文尚书》，另有汉武帝时从孔宅中发现的《古文尚书》、东晋梅赜献的伪《古文尚书》。通行的十三经注疏本《尚书》，是《今文尚书》和伪《古文尚书》的合编本。

《诗经》

《诗经》，是我国第一部诗歌总集，收集了从西周初年到春秋中叶五百多年间的诗歌三百零五篇。先秦时期称《诗》，汉代被尊为儒家经典，改称《诗经》，名称沿用至今。内容上《诗经》分为风、雅、颂三部分。“风”是各个地区的民歌；“雅”包括大雅和小雅，是朝廷乐歌；“颂”主要为宗庙乐歌。表现手法有赋（铺陈）、比（类比）、兴（启发）三种。《诗经》成书于春秋时期，汉代有鲁、齐、韩、毛四家传授《诗经》，其中毛诗流传至今，其他三家皆亡佚，仅剩下《韩诗外传》。主要注本有《毛诗正义》、宋代朱熹的《诗集传》、清代马瑞辰的《毛诗传笺通释》、今人周振甫的《诗经译注》等。

《周礼》

《周礼》是儒家十三经之一。它是一部通过系统构建官制来表达治国思想的著作，分天官、地官、春官、夏官、秋官、冬官六篇，涵盖了官廷、民政、宗族、军事、刑罚、营造等社会生活的方方面面。每篇下面都是各个领域的礼制，有祭祀、封国、巡守等国家大典，也有用鼎制度、服饰制度、用玉制度等具体规则。但是需要指出的是这种制度并不完全符合周代的实际情况。经考古证实，《周礼》所述多是一种理想化的国家典制，周代制度本身是在不断完善的。《周礼》和《仪礼》《礼记》并称“三礼”，它的注本有东汉郑玄的《周礼注》、唐代贾公彦的《周礼正义》、清代孙诒让的《周礼正义》等，普通读者可参阅钱玄的《三礼通论》。

《仪礼》

《仪礼》是儒家十三经之一。《仪礼》成书于东周时期，由孔子采辑周鲁等国即将失传的礼仪，加以整理记录而成。它主要记载的是周代的冠、婚、丧、祭、乡、射、朝、聘等各种礼仪制度，士大夫的礼仪是其主体。《仪礼》文字晦涩，内容枯燥，但是在皇室的礼仪中备受推崇。唐、宋、明、清的皇家礼仪基本都是以《仪礼》为蓝本而创制的。婚礼、丧礼等也一直为民间所承袭，只是细节上各地略有增减，在如今乡间的礼俗中还能找到《仪礼》的影子。近人杨宽的《古史新探》系统探讨了古礼，可作为《仪礼》学习的参照。

《礼记》

《礼记》是儒家十三经之一，是秦汉以前汉族礼仪著作的辑录之作。目前通行的十三经注疏本《礼记》为《小戴礼记》，由西汉戴圣辑录而成。另有戴德的《大戴礼记》，由于不受重视已日渐散失。《礼记》记载的是先秦时期汉民族的礼制、礼仪，还有解释仪礼、孔子和弟子等问答的内容。它阐述的思想丰富，涉及社会、政治、伦理、哲学等多个方面，其中《大学》《中庸》更是名篇，被宋代朱熹编入“四书”，成为士子必读之作。《礼记》的注本中有东汉郑玄的《礼记注》、唐代孔颖达的《礼记正义》、清代孙希旦的《礼记集解》等。

《春秋左传》

《春秋左传》，是儒家十三经之一。它是我国第一部叙事详尽的编年史著作，相传为春秋末年鲁国史官左丘明依据鲁国国史所作。起于鲁隐公元年（前722），迄于鲁哀公27年（前468），内容包括鲁国和其他各国的历史，期间的政治大事、社会小事等，是了解和研究先秦历史的重要典籍，代表了先秦史学的最高成就。晋代杜预的《春秋左传集解》是最早的注本，今人杨伯峻的《春秋左传注》是解释全面、比较通俗的版本。

《春秋公羊传》

《春秋公羊传》是儒家十三经之一，是解释《春秋》的一部典籍。和《左传》不同的是，它释史简略而重在阐释《春秋》的“微言大义”。相传《公羊传》的作者是孔子的弟子子夏的学生，战国时的齐人公羊高。《公羊传》具有深远的历史哲学思想，对后世影响颇大。在汉代董仲舒将其发扬光大，到清末民初，公羊学又成为维新变法的思想武器，和当时的社会变革走到了一起。后世注释《公羊传》的主要有东汉何休的《春秋公羊解诂》、唐代徐彦的《公羊传疏》、清代陈立的《公羊义疏》。

《春秋穀梁传》

《春秋穀梁传》是儒家十三经之一，是解释《春秋》的另一部著作。传说由孔子的弟子子夏传给穀梁赤，穀梁赤将其整理记录成书。《穀梁传》主要采用语录体和对话体来注解《春秋》，着重宣传儒家思想，重礼义教化和宗法观念，这种思想和汉代统治阶级的观念相契合，因此这本书在汉代受到极大重视。它也是我们了解和研究秦汉时期儒家思想的重要资料。重要的注本有晋代范宁的《春秋穀梁传集解》、唐代杨士勋的《春秋穀梁传疏》、清代钟文烝的《春秋穀梁传补注》等。

《孝经》

《孝经》是儒家十三经之一。关于它的作者争论不休，传说是孔子自作，也有人认为是孔子的弟子所作，还有人认为是后人附会。它是古代儒家的一部伦理学著作，重点阐发了儒家的伦理思想。“夫孝，天之经也，地之义也，人之行也。”孝是诸德之本，臣民以孝立身处世，面对君王，君王可以用孝治理天下。孝的社会功用在后代被绝对化，变得无所不通。现在《孝经》通用的版本由唐玄宗李隆基注、宋代邢昺疏。

《论语》

《论语》是儒家十三经之一，是我国春秋时期的一部语录体文集，主要记载的是孔子及其弟子的言行，集中反映了孔子弟子对孔子思想的理解。它是由孔子的弟子及再传弟子编纂而成的，里面所涉内容广泛，多半论述了社会生活中存在的问题。在中国两千多年的漫长历史中，《论语》一直作为中国人的初学必读之书而存在。重要的注本有魏晋何晏集解、宋代邢昺疏的《论语注疏》、宋代朱熹的《论语集注》、清代刘宝楠的《论语正义》等，杨伯峻的《论语译注》可以作为普通读者了解《论语》的入门读物。

《孟子》

《孟子》是儒家十三经之一，由战国时期孟子及其弟子万章、公孙丑等编写而成，是记录孟子及其弟子言行的一部著作，涵盖了孟子与其他诸家思想的争辩、对弟子的言传身教、和各诸侯王的对话等，充满了思想的火花和论辩的艺术，其中“仁政”“民贵君轻”“民本”等思想广为流传。《孟子》的最重要的注本有东汉赵岐注、宋代孙奭疏的《孟子注疏》，今人杨伯峻的《孟子译注》亦可参考。

《四书章句集注》

《四书章句集注》由南宋著名理学家朱熹汇辑刊刻而成，他将《礼记》中的《大学》《中庸》两篇和记录孔子言行的《论语》、记录孟子言行的《孟子》合在一起，成为“四书”。“四书”是儒家思想的重要内容，体现了儒家的认识论和方法论。自宋代以后成为中国人的必读之书，家家传诵，无论是蒙学读物还是官定教材、科举考试都与之密切相关，成了当时人们的基本信仰和信念。朱熹的《四书章句集注》是“四书”的重要注本，也是普通读者国学入门的必读书之一。

《尔雅》

《尔雅》是儒家十三经之一，也是汉语辞书之祖。“尔”是“近”的意思。“雅”是“正”的意思，即“雅言”，在语音、词汇、语法等方面都比较合乎规范的语言。“尔雅”的意思就是接近规范语言。《尔雅》这部书就是解释古语词、方言词，使其接近规范。《尔雅》最早被著录于《汉书·艺文志》，没有记载其作者。它被认为是中国训诂学的开山之作，对中国的“小学”（文字、音韵、训诂）有着重要的影响。《尔雅》的主要注本有晋代郭璞的《尔雅注》、清代邵晋涵的《尔雅正义》、郝懿行的《尔雅义疏》等，近人周祖谟的《尔雅校笺》亦可参考。

《说文解字》

《说文解字》简称《说文》，由东汉著名经学家、文字学家许慎编写而成。许慎根据文字形体，创立了五百四十个部首，把九千余字归入这些部首中。他在其中系统分析了字形，考究了字的来源。正文以小篆为主，还收集了古文、籀文等一千多字，对我国文字学、古文献学和古史的研究都有重要的意义。宋代有徐锴、徐铉的大徐本、小徐本《说文解字》，有简单的校语，清代段玉裁的《说文解字注》是各家注疏中被公认为最好的。

《广韵》

《广韵》，全称《大宋重修广韵》，是北宋时期一部官修的韵书。它由陈彭年、丘雍等在前代韵书的基础上编成，保存了中古时期古音的面貌，是我国历史上保存完整并流传广泛的最重要的韵书。韵书和诗歌关系密切，它把同韵字排在一起，供写作韵文、诗歌者查阅。对现代人而言，它已经成为恢复古代语音面貌的密码。

史　部

《史记》

《史记》，二十四史之一，是我国历史上第一部纪传体通史，作者是西汉时期的司马迁。全书共一百三十卷，有十二本纪、十表、八书、三十世家、七十列传。它以帝王等政治中心人物为编撰主线，将各种事件、历史脉络用不同的体例分列其中，由此司马迁创立了史书的“纪传体”，对后世的史书编撰影响极大。《史记》的注本最著名的是“三家注”本，包括南朝宋裴骃的《史记集解》、唐朝司马贞的《史记索隐》、唐朝张守节的《史记正义》。目前中华书局的三家注本《史记》是比较通用的版本。

《汉书》

《汉书》，二十四史之一，又称《前汉书》，由东汉时期著名的史学家班固编撰而成，是我国第一部纪传体断代史。它和《史记》《后汉书》《三国志》并称为“前四史”，主要记述西汉一朝的历史，同时含王莽时期。班固的《汉书》史事系统完整，记述明白，是研究西汉历史的基本史料，也是普通人了解西汉历史的窗口。同时，他创立的“纪传体断代史”为后世历代正史采用，班固为我国史学做出了重大贡献。注疏《汉书》的名家有唐代的颜师古、清代的王先谦等。中华书局出版的标点铅印本《汉书》是今天的通行本。

《后汉书》

《后汉书》，二十四史之一，由南朝宋史学家范晔等编撰而成。全书分十纪、八十列传和八志（司马彪续作），记述了从汉光武帝建武元年（25）到汉献帝建安二十五年（220）共一百九十五年的史事。范晔在编写的过程中综合了当时流传的七部后汉史料，并参考了袁宏的《后汉纪》，书成后影响极大，取代了之前各家所著的后汉史。唐代李贤等注。目前通行的为中华书局本。

《三国志》

《三国志》，二十四史之一，晋朝陈寿撰，南朝宋裴松之注，包括《魏书》三十卷、《蜀书》十五卷、《吴书》二十卷。《三国志》以曹魏为正朔，为曹操立本纪，对于刘备、孙权则分别在《蜀书》和《吴书》中立《先主传》和《吴主传》。

陈寿取材精良，对史实认真考订，对不可靠的资料不妄加评论和编写，使《三国志》历来很受重视。《三国志》在民间也影响很大，元末明初罗贯中就结合《三国志》和裴松之的注创作了《三国志通俗演义》，后演变成四大名著之一的《三国演义》。目前通行的为中华书局本。

《资治通鉴》

《资治通鉴》是中国历史上规模最大、成就最高的编年体通史，由北宋政治家、史学家司马光等编撰而成，历时十九年。该书按年代顺序记载了从周威烈王二十三年（前403）到五代后周显德六年（959）共一千三百六十二年的历史。该书取材广泛，网络宏富，内容以政治、军事、民族关系等为主，经济、文化、学术等涉猎较少。《资治通鉴》以“鉴前世之兴衰，考当今之得失”而得名，成书后也成为历代君臣竞相借鉴的权威读物。胡三省的《资治通鉴音注》为人称道，目前是最通行的版本，另有中华书局出版的《资治通鉴文白对照》可供阅读。

《通鉴纪事本末》

《通鉴纪事本末》是中国第一部纪事本末体史书，由南宋袁枢编撰而成。袁枢研读《资治通鉴》，因其过于浩博，一般人难以明白史事的始终，于是根据《通鉴》原文，按照一个事件的始末分门别类进行编写，从“三家分晋”开始，到“周世宗征淮南”截止，共撰写了三百零五题。纪事本末体史书避免了编年体史书和纪传体史书存在的问题，是对历史编纂学的一大贡献。《通鉴纪事本末》目前通行的版本为中华书局本。

《国语》

《国语》是中国最早的一部国别体史书，记录了周朝王室、鲁国、齐国、晋国、郑国、楚国、吴国、越国八国的历史。从周穆王十二年(前990)西征犬戎开始，到周贞定王十六年(前453)智伯被灭为止，《国语》记述了当时各国相互之间的往来、贵族们的活动和部分历史事件，但和《左传》的内容有相互抵牾之处。关于《国语》的编撰，目前学术界的一般看法认为是由战国初期熟悉各国历史的人根据当时周王朝和各诸侯国的史料，加工汇编而成。值得注意的是《国语》中《晋语》占了全书将近一半的篇幅，可能当时掌握的晋国史料较多。《国语》的重要注家是三国时期的韦昭，目前通行的版本为中华书局本《国语集解》。

《战国策》

《战国策》是古代国别体史书，由西汉时期的刘向整理汇编而成。刘向按东周、西周、秦、齐、楚、赵、魏、韩、燕、宋、卫、中山十二国次序，将史料编订为三十三篇，并取名为《战国策》。它是记载战国时期政治斗争的重要著作，主要内容是纵横家们的游说之辞。该书文辞隽永，富有雄辩和运筹机智，除了具有史料价值之外，文学价值亦很高。东汉高秀、元代吴师道曾经校注，上海古籍出版社1978年出版的汇校本《战国策》是目前较好的版本。

《左传纪事本末》

《左传纪事本末》，是纪事本末体史书的代表作，清代高士奇撰。作者根据周、鲁、齐、晋、宋、卫、郑、楚、吴、秦列国的顺序，把《左传》的旧文分成五十三事，同时根据《公羊传》《穀梁传》《国语》《史记》等对《左传》史实加以补订。如果想要简单了解春秋史实，可阅读此书。现有中华书局出版的杨伯峻点校本。

《山海经》

《山海经》是我国先秦时期的典籍，主要记述的是古代的神话、地理、风土物产、宗教、古史、医药等内容。夸父追日、精卫填海、后羿射日等都是出自《山海经》。古代中国把《山海经》当作历史看待，有些学者也认为《山海经》讲的不单是神话，更是远古地理，因为它记载了多个邦国的山水地理，但对《山海经》的奇怪事件的记载，目前争议依然很大。清代毕沅对《山海经》用力较深，毕校本是比较通行的版本。

《穆天子传》

《穆天子传》又名《周穆王游行记》《周王传》，作者不详，是先秦历史神话典籍之一。西晋初年汲郡的战国魏襄王墓出土了一批竹简，通称为“汲冢竹书”，其中的《穆天子传》《周穆王美人盛姬死事》被合并为至今流传的《穆天子传》。内容上，前五卷讲的是周穆王驾八骏前去会西王母之事，书中记录了途径的地方、珍禽异兽、奇花异草等。后一卷讲的是周穆王美人盛姬之死的故事。该书所述故事被认为是后世小说之滥觞，还有学者认为这些故事能够反映古代的中西交流。通行本有《四部丛刊》影范氏天一阁本，山东图书馆影黄丕烈校本。

《竹书纪年》

《竹书纪年》，编年体通史，撰者不详，一般认为成书于战国时期，在西晋初年汲郡战国魏襄王墓中发现。本书主要记载了上起夏、商、周，下到晋国、魏国的史事。值得注意的是《竹书纪年》中记载的部分史实与经书不合，如舜囚尧、启杀益、太甲杀伊尹等。王国维《古本竹书纪年辑校》《今本竹书纪年疏证》是研究《竹书纪年》的重要著作，现在有1957年上海人民出版社出版的《古本竹书纪年辑校订补》。

《列女传》

《列女传》是一部专门记述女子事迹的传记类小说作品，由西汉刘向编撰。它记述了从上古到西汉共一百零五名妇女的故事，分《母仪传》《贤明传》《仁智传》《贞顺传》《节义传》《辩通传》和《孽嬖传》七卷，主要表达的是儒家对妇女的看法。虽然有一些赞扬的内容现在看来属于糟粕，但是它在产生后对后世影响很大。

《大唐创业起居注》

《大唐创业起居注》是唐朝一部重要的起居注类史著，作者为温大雅。起居注是我国古代记录帝王的言行录，但是流传下来的很少。在清朝以前，《大唐创业起居注》是唯一较完整保存的作品。李渊起兵后，温大雅担任大将军府记室参军，经历了李渊起兵到称帝的全过程。《大唐创业起居注》所记的就是这段时期的事情。由于成书于唐初，较少避讳之处，因此比较真实可靠。1983 年上海古籍出版社出版了经过点校的《大唐创业起居注》。

《贞观政要》

《贞观政要》是唐代的一部政论性史书，作者为唐代史学家吴兢。吴兢著《贞观政要》的主要目的在于歌颂“贞观之治”，总结唐太宗时期的施政得失，给后来的君主提供借鉴。它以君道、政体、任贤、求谏、纳谏、君臣鉴戒等为篇目，分别选取了唐太宗李世民及大臣魏征、房玄龄等四十五人的政论、奏疏、重大施政方针等，表达治国之道、选贤任能、精简机构、崇尚儒术等思想，同时还强调统治者要严于律己、提高自身修养等。该书在 9 世纪传到朝鲜、日本等国，被列为当时皇家、幕府的政治读本。上海古籍出版社的点校本和中华书局的集校本是目前比较通行的版本。

《东京梦华录》

《东京梦华录》是一本史料笔记，宋代孟元老著。北宋灭亡后作者避难江南，他回忆北宋都城东京（今开封），写下了这部回忆录式的史料。全书详细记载了当时汴京的地理环境、风俗、宫廷礼仪、民间生活等，为今天的人了解当时的繁华景象提供了重要的参考资料。1956 年上海古典文学出版社出版了《东京梦华录（外四种）》汇勘本，1982 年中华书局出版了邓之诚的《东京梦华录注》。

《长春真人西游记》

《长春真人西游记》是一部道教典籍，也是记述我国 13 世纪初中西交通的重要文献。它主要记录了金元之际中原全真教领袖丘处机应成吉思汗的召见，率领徒弟十八人去西域面见成吉思汗，与之论道的历史。该书作者为随行徒弟之一的李志常。他记述了丘处机的生平和思想，沿途的山川道路、风俗人情，对于后人了解、研究 13 世纪漠北、西域的历史地理，研究全真教的历史都有重要帮助。目前流行较广的是王国维的校注本。

《唐大诏令集》

《唐大诏令集》是唐代以皇帝名义发出的文稿命令的汇编，北宋宋敏求编纂。所收诏令含有唐代政治、军事、社会状况等多方面的史实，都是第一手史料，文献价值高，但也不是唐代诏令的全集，所收部分也多有删节。1959 年商务印书馆出版的点校本是目前较好的版本。

《元和郡县志》

《元和郡县志》，原名《元和郡县图志》，作者是唐代的李吉甫，它是我国现存最早的较完整的地理总志。它以《贞观十三年大簿》所示的全国行政区划为准，分全国为关内、河南、河东、河北等十道，又以每道所辖的节镇分篇、附图，详细叙述了各镇所属州县的户口、沿革、境界、贡赋、山川形势、盐铁、垦田、水利、军事设施、兵马配置等。所附图在宋代佚失，因此后世改称为《元和郡县志》。1983 年中华书局出版了贺次君点校本，兼收该书考证、辑佚各一种。

《太平寰宇记》

《太平寰宇记》是宋太宗时期的地理总志，乐史撰。他引用历代史书、地志、文集、碑刻、诗赋和仙佛杂记等二百余种，记载了前代至宋初各地州县沿革、山川形势、人情风俗、交通、人物姓氏、各地特产等。由于所引诸书今多散佚，因此该书的史料价值极高，给研究从汉到宋，特别是唐和五代十国史，宋朝的人口、户籍、阶级状况，宋初少数民族的人口分布，边远地区的经济面貌提供了很大的帮助。该书对后世的地理志也影响很大，其以人文结合地理的方式被后世编撰地理志者奉为典范。有清光绪金陵书局刻本传世，其缺佚部分据日本藏宋刻残本收入《古逸丛书》。

《水经注》

《水经注》，是中国古代地理名著，北魏郦道元撰。《水经》成书于三国时期，郦道元为之作注，名为《水经注》。该书以水道为纲，叙述了流经地区的山川、郡县、城池、关隘、亭障、名胜、气候、水文、土壤、植被、社会经济、民风习俗等，还记载了相关的历史故事。《水经注》作为一部记载河道水系为主的综合性地理著作，在我国历史发展进程中有过深远的影响。明清以来不少学者对其进行深入研究，还形成了一门内容广泛的“郦学”。目前中华书局出版的陈桥驿的《水经注校正》是比较好的版本。

《洛阳伽蓝记》

《洛阳伽蓝记》，北魏杨衔之撰。作者看到北魏末年洛阳遭受严重破坏，许多寺庙毁坏，很是感慨，于是撰写了这部著作。他记载了洛阳四十多个寺院，追溯了它们的建筑规模、兴废景象，并于其中涉及尔朱荣乱事，当时的社会面貌、传闻故事和外国风土。这部书不仅是内容丰富的历史著作，而且文笔优美，是一部上佳的散文集。陈庆元、章廷泗注译的《洛阳伽蓝记选》可以作为普及本，周振甫释译的《洛阳伽蓝记校释今译》是现代的释译本中的典范和集成制作。

《洛阳名园记》

《洛阳名园记》，宋代李格非撰。该书记述了洛阳的富郑公园、董氏西园、东园等名园十九处，园主多是北宋的达官豪富。作者在记述名园盛衰兴废的同时，以小见大，以名园中公卿贵戚放荡淫侈的生活，发出治理天下的议论："洛阳之盛衰，天下治乱之候也。"后来洛阳果然陷于金人之手。该书文辞练达，以情动人，受到后人的推崇。1955 年文学古籍出版社将此书与《桂海虞衡志》合刊出版。

《通志》

《通志》，南宋郑樵撰，起于上古，讫于隋唐，是一部以人物为中心，记述三千多年史事的纪传体通史。郑樵在仿照《史记》五体外，改表为谱，改志为略，撰写了帝纪、皇后列传、年谱、略、列传等多个部分。其中总序和二十略是全书的精华，尤其是《艺文略》和《校雠略》。《艺文略》

是宋代以前的图书分类目录，《校雠略》是我国目录学、校雠学上的著名论著。商务印书馆的万有文库本为通行版本，二十略有单行本，目前有中华书局本、浙江古籍出版社本等。

《茶经》

《茶经》，唐代陆羽撰。它是中国乃至世界现存的最早、最完整地介绍茶的一部专著。该书系统地介绍了茶叶生产的历史、源流、现状、制茶器具、茶的采制、煮茶方法、茶叶产地等。陆羽编写《茶经》，不仅把茶当作一种农产品看待，更把茶事上升到文化艺术层面，推动了茶文化的发展。上海古籍出版社的《茶经译注》是比较通行的版本。

《宣和博古图》

《宣和博古图》是我国宋代金石学的集大成之作，由王黼等奉敕编纂，一说王楚纂。书中著录了宋代皇室在宣和殿所藏的古铜器八百三十九件。作者将其分为二十类，每器皆摹绘图形，记其款识大小、容量、重量，并附考证，在器物分类和名称考订方面贡献较大。明嘉靖七年（1528）蒋旸翻刻的元至大重修本是比较好的版本。

《西清古鉴》

《西清古鉴》是一部著录清宫收藏的古代铜器的大型图录，由梁诗正等奉敕编纂。全书收录了商周到唐代的铜器一千五百二十九件。该书仿照《宣和博古图》对器物进行了分类和名称的考订，均绘制有图，图后有楷书解说。附录《钱录》对历代的货币进行了著录。北京工艺美术出版社 2010 年出版的孟繁放的《西清古鉴疏》是目前通行的版本。

《史通》

《史通》，是我国首部系统的史学理论著作，唐代刘知几撰。该书主要评论了唐以前历代史书的体例与编撰方法，论述了史官制度、史籍源流和前人修史的得失。作为史学理论的第一部著作，该书在史学界具有极高的地位，对后世影响很深。上海古籍出版社的整理版《史通通释》是目前比较通行的版本。

子　部

《老子》

《老子》，道家经典著作，又称《道德经》，春秋末期李耳撰。该书分上下两篇，共五千余言。在其中老子以“道”为万物之本，提出了“道生一，一生二，二生三，三生万物”“人法地，地法天，天法道，道法自然”“祸兮，福之所倚，福兮，祸之所伏”等著名理论。这些理论对后世道教的发展、中国哲学的发展都起到重要的奠基作用。《老子》版本较多，现在比较流行的有中华书局出版的王弼注、楼宇烈校释的《老子道德经注校释》，陈鼓应的《老子今注今译》等。

《庄子》

《庄子》，道家经典之一，又称《南华经》，是战国早期庄子及其后学的著作集。庄子被后世认为是得老子精髓最多的二人之一，和老子并称“老庄”。《庄子》全书采用“寓言”“重言”“卮言”的表现形式来表达他相对主义的观念、天地合一又逍遥自由的思想。《庄子》的文字本身很美，鲁迅称赞其文章“汪洋辟阖，仪态万方，晚周诸子之作，莫能先也”。比较通行的版本有郭庆潘的《庄子集释》、王先谦的《庄子集解》、陈鼓应的《庄子今注今译》。

《荀子》

《荀子》，战国末期儒家典籍，一般认为现存的三十二篇多数为荀况所著，最后五篇是他和他弟子整理记录的他人的言行。《荀子》内容丰富，博大精深，反映了他在哲学、政治、经济、文学、美学等多个方面的思想。文学方面，他强调文学的社会政治作用，认为文学的根本目的在于明道。荀子主张“性恶论”，和孟子的“性善论”形成鲜明的对比，也让这个话题成为历代哲人思考和争论的焦点。《荀子》文章本身论题鲜明，逻辑性很强，善用比喻、排比，对后世说理文有一定的影响。《荀子》的注本有唐代杨倞的《荀子》、清代王先谦的《荀子集解》、近代梁启超的《荀子柬释》。目前比较通行的版本是1988年中华书局出版的《荀子集解》。

《墨子》

《墨子》是记录墨翟和墨家学派思想的著作，一般认为是由墨子自著和弟子对墨子言行的记录综合而成的。《墨子》一书现存五十三篇，表达了尚贤、尚同、兼爱、非攻、节用、节葬等墨家的主张，主要反映的是广大劳动阶层的呼声。从文章角度来说，《墨子》一般由小及大，多比喻、推理，《非攻》篇即是如此。另外其文质朴，多口语化文字。《墨子》较好的注本有清代毕沅的《墨子注》、孙诒让的《墨子间诂》、近人吴毓江的《墨子校注》。

《韩非子》

《韩非子》是一部政治哲学论文集式的著作，共五十五篇，多为韩非子自著，是先秦时期法家的代表著作。韩非子综合了申不害、商鞅等人的思想观点，提出以专制主义中央集权和严刑峻法来治理国家和人民，构建了“法术势一体”的法家思想理论体系。从文风来说，其文个性鲜明，议论透彻，结构严谨，逻辑性强，同时韩非子还善用寓言故事说明道理，增强了文章的文艺性，对后世议论文的发展影响较大。《韩非子》注本中较完备的有清代王先慎的《韩非子集解》、今人梁启雄的《韩非子浅解》、陈奇猷的《韩非子集释》及周勋初等的《韩非子校注》。

《孙子兵法》

《孙子兵法》是我国古代最著名的军事著作，也是世界现存最古老的兵书，作者是春秋末年的齐国人孙武。它对我国古代军事学术和战争实践都有重要的指导作用。共十三篇，六千字左右，主要内容有战略运筹、作战指挥、战场机变、军事地理和火攻、间谍等特殊战法的运用。文章语言简洁，内容哲理性很强，是兵家和道家思想的结合。1972年山东临沂银雀山西汉墓出土的《孙子兵法》是目前存世最早的《孙子兵法》。从通行版本来说，上海古籍出版社1978年出版的排印本《十一家注孙子》是比较经典的底本，普通读者阅读可以选用黄朴民的《白话孙子兵法》。

《鬼谷子》

《鬼谷子》，又名《捭阖策》，是战国纵横家鼻祖鬼谷子的著作。鬼谷子是中国历史上极具神秘色彩的人物，他擅长纵横捭阖之术，苏秦和张仪是他最有名的两个弟子。《鬼谷子》这部书主要讲的是权谋策略和言谈辩论技巧，借此来实现既定的目标。这部书除了包含纵横思想外，还包含兵家、道家等思想，是一部先秦时期的思想巨著，但是对《鬼谷子》的评价，历来褒贬不一。巧言令色既是社会生活中不可缺少的，同时又有被滥用的风险。《鬼谷子》比较通行的版本是中华书局2010年出版的许富宏的《鬼谷子集校集注》，普通读者可参阅陈蒲清的《鬼谷子详解》、房立中的《新编鬼谷子全书》等。

《吕氏春秋》

《吕氏春秋》，又名《吕览》，是战国末年秦国丞相吕不韦组织门客们集体编撰的杂家著作。它分为十二纪、八览、六论，共十二卷，一百六十篇。其内容“兼儒墨，合名法”，汇集了先秦各家的学说，因此被认为是杂家著作。它还保存了先秦时期历史、天文、历数、音律、农业等诸多方面的宝贵资料，研究参考价值很高。《吕氏春秋》文章一般篇幅较短，多寓言故事和形象比喻，也具有很高的文学价值。《吕氏春秋》的注本有东汉高诱的《吕氏春秋注》、清代毕沅的《吕氏春秋新校正》、近人徐维遹的《吕氏春秋集释》。2011 年中华书局出版了《吕氏春秋》的全本全注全译本，普通读者可以参阅此本。

《朱子语类》

《朱子语类》是朱熹和弟子问答的语录汇编。朱熹死后，其弟子各自将他谈论经事、道理的话记录下来，成为“语录”。南宋时期的黎靖德将其收录，删重重排成二十六门，一百四十卷。在《朱子语类》中，上到万物之源，下到一草一木，自然界，人类本身，朱熹都有论述，它是朱熹思想的重要反映。中华书局有排印本。

《风俗通义》

《风俗通义》，简称《风俗通》，东汉末年应劭撰。该书分皇霸、正失、过誉等十目，就事立论，对名物进行考释，谈论当时的风俗。该书保存了较为丰富的汉代社会资料，对了解当时汉代长安的名物典制、社会风俗有重要的参考意义。中华书局和天津人民出版社分别出版了校释本，可以参阅。

《梦溪笔谈》

《梦溪笔谈》，北宋沈括撰。沈括博学多闻，晚年时完成此书，该书之名即得之于他的居地梦溪。该书一共有十七目，六百零九条。内容涉及数学、物理、化学、天文、地理、生物、医学、美术、音乐、地质、气象、工程技术等诸多方面。我国古代的很多科技成就都能在其中找到，例如毕昇发明的活字印刷术。这部书同时还具有世界性的影响力。19 世纪到 20 世纪，日、法、德、英、美、意等国家都有学者对其进行研究。《梦溪笔谈》版本较多，通行本是中华书局 1962 年出版的胡道静的《梦溪笔谈》整理本。目前阅读比较方便的是“中华再造善本工程”出版的简体版《梦溪笔谈》。

《齐民要术》

《齐民要术》是一本综合性的农书，北魏贾思勰著。“齐民”指的是平民百姓，“要术”指的是谋生技能。贾思勰著此书的目的在于介绍农业知识，以富国安民。他经过大量走访调查，对农业生产有了较深的认识，同时参考了前人和当时的农业著作，著成此书。全书包括农、林、牧、副、渔、酿造、加工等各个方面，其中还涉及现在常用的生物学的杂交、嫁接等技术。该书虽然成书较早，但其科学内容卓越，对后世农业生产影响深远。书成之后在民间和官方影响都很大，同时还具有世界影响力，被翻译成多国文字。目前的注本有石声汉的《齐民要术今释》、缪启愉的《齐民要术校释》等。

《农政全书》

《农政全书》，明代科学家徐光启著。该书共六十卷，约六十万字。共分农本、田制、农事、水利、农器、树艺、蚕桑、蚕桑广类、种植、牧养、制造和荒政等十二类。虽然该书内容大量取自前代农书和有关文献，但经过作者的加工剪裁，该书形成了一个完整的农学体系。《农政全书》现在有邹树文校点本和石声汉校注本。

《黄帝内经》

《黄帝内经》，简称《内经》，是一部现存较早的重要的医学文献，作者不可考，战国晚期作品，在汉代经过增益改编成书。它分为《素问》和《灵枢》两部分，总结了古人长期与疾病做斗争的临床经验和理论知识，提出生理、病理和辨证施治的学说，为我国中医的发展奠定了基础。《黄帝内经》的思维方法也非常具有中国特色，例如把人体器官看成既相互区别又相互联系的统一体，通过对人的表象的观察来推测病由。《黄帝内经》版本较多，1954 年商务印书馆出版了排印本。普通读者可选用李中梓的《内经知要》，所选内容少而精，分类清晰，注释简要，同时又概括了中医学的基本理论。任应秋的《内经研习拓导讲稿》亦可作为参考。

《神农本草经》

《神农本草经》，是我国最早的药学著作，约成书于秦汉时期（一说战国时期，一说汉代）。本书主要总结了古代医疗实践中的药学成就，建立了药学的理论体系，为药学的发展奠定了基础。原书已失传，目前所流行的多为后代的辑佚本。书中收录了药物三百六十五种，并介绍了每种药物的别名、性味、主治功能、宜忌和生长环境等。同时该书还提出了药要阴阳配合、四气五味、七情和合等药物学理论，具有很高的医学科学价值。现存最早的辑本是明代卢复的辑本，而流传较广的是清代孙星衍等的辑本、顾观光的辑本和日本人森立之的辑本（这三种辑本1949年后均有重印）。

《历代名画记》

《历代名画记》，是我国第一部绘画通史著作，唐代张彦远著。全书共十卷，包括绘画理论和绘画发展史的评述、鉴赏收藏方面的论述、名画家传记三部分。张彦远在论述的过程中多有观点创建，例如他强调绘画的教化和怡悦情性的作用，认为“图画者，所以鉴戒贤愚，怡悦情性”。这部书的承前启后的作用使它成书一千多年来颇受艺术家推重。通见本有明代王世贞的《王氏画苑》本、明代毛晋的《津逮秘书》本、清代张海鹏的《学津讨源》本。1963年人民美术出版社印有单行本《历代名画记》十卷。宿白先生的《张彦远与〈历代名画记〉》可作为了解这部著作的第一本书。

《淮南子》

《淮南子》，又称《淮南鸿烈》，是由西汉宗室淮南王刘安主持，他的门客集体编写而成的。它是一部哲学著作，属于道家作品，同时又糅合了阴阳、法、墨和部分儒家思想。除了哲学思想外，它还“多纪古事”。《汉书·艺文志》将其列入杂家类。梁启超赞扬：“《淮南鸿烈》为西汉道家言之渊府，其书博大而有条贯，汉人著述中第一流也。”胡适说：“道家集古代思想的大成，而淮南书又集道家的大成。”清代刘文典有《淮南鸿烈集解》，新中国成立后有张双棣的《淮南子校释》、何宁的《淮南子集释》、陈广忠的《淮南子斠诠》。

《颜氏家训》

《颜氏家训》，是南北朝时期颜之推写的一部记述个人经历、思想、学问以告诫子孙的著作。共七卷，二十篇，包括教子、兄弟、后娶、治家、风操、慕贤、勉学、养心等诸多篇章。《颜氏家训》是一部汉族传统社会家庭伦理教育的典范教材。宋代目录学家陈振孙赞誉其为“古今家训之祖”。颜氏子孙在历史上有名望者众多。唐代就有注解《汉书》的颜师古、书法大家颜真卿、以身殉国的颜杲卿等，到宋元两朝，颜氏族人亦才人辈出，让人钦羡不已，可见其家训之效用。今人王利器有《颜氏家训集解》，是比较好的阅读版本。

《世说新语》

《世说新语》，是一部记述东汉末年到东晋之间官僚士大夫逸闻逸事的书，由南朝宋刘义庆召集门客共同编撰而成。全书分德行、言语、政事、文学等三十六类，每类包含若干则短小的故事，即后世所说的“笔记小说”。虽然该书个别记述不尽是事实，但反映了魏晋南北朝时期士族门阀的思想风貌，保存了当时的社会、政治、思想、文学等诸多方面的内容，史料价值很高。另外，它对后世文学、戏曲等有重要影响，不少故事成为戏曲的素材，或是后世的文学典故。《世说新语》注本较多，普通读者可选用张㧑之的《世说新语译注》，张万起、刘尚慈的《世说新语译注》。

《太平广记》

《太平广记》，是一部宋代的类书，李昉、扈蒙、李穆等奉宋太宗之命编纂。该书基本上是古代文言小说的汇集，许多佚书、六朝时期的志怪小说和唐代的传奇作品赖此流传至今，如《霍小玉传》《莺莺传》等仅见于此书，《柳毅传》《离魂传》等多篇最早见于此书。目前通行的是汪绍楹校点的排印本，1959 年由人民文学出版社出版，1961 年中华书局重印出版。

集　部

《楚辞》

《楚辞》，是我国第一部浪漫主义诗歌总集和骚体类文章的总集。在西汉末年刘向将其编辑成集，东汉王逸作章句。全书以屈原作品为主，收录了战国时期楚国屈原、宋玉及汉代淮南小山、东方朔、王褒、刘向等人的辞赋十六篇，后王逸加入了自己的作品《九思》，成了十七篇。全书皆屈原作品的风格，多叙写楚地的山川人物、历史风情，有浓郁的地域文化色彩。同时想象力奇特，句式活泼，表达的感情丰富而复杂，这点和《诗经》差别较大。《楚辞》古今研究者众多，版本也较多。普通读者可选用黄寿祺、梅桐生合著的《楚辞全译》、汤炳正等的《楚辞今注》、姜亮夫的《楚辞今译讲录》等。

《曹子建集》

《曹子建集》，诗文类别集，收录的是曹植的诗赋。曹植，字子建，建安时期著名文学家。不但诗作出色，而且能写散文、辞赋，在汉魏文学家中成就最高。《曹子建集》中有诗八十余首，完整和不完整的散文、辞赋约四十余篇。诗歌以曹丕称帝为界，分为两个时期，前期是表现他追求政治理想、渴望建功立业的思想，例如《名都篇》《白马篇》，后期作品则题材更加广泛，表现丰富的生活内容，风格沉郁，艺术成就更高，例如《呈白马王彪》《泰山梁甫行》《七哀诗》等。《曹子建集》中的赋也多有名篇，例如抒情辞赋《洛神赋》，描写美丽而多情的洛水女神，文采斐然，历代传诵。普通读者阅读，可选用赵幼文的《曹植集校注》。

《陶渊明集》

《陶渊明集》，诗文类别集，是南朝梁昭明太子萧统搜集的陶渊明的遗世作品，共收录陶渊明诗文辞赋等一百四十二篇。他的诗歌主要表现他对自然的喜爱和对为官生活的厌恶愤恨。主要作品有《归园田居》《饮酒》《杂诗》等，风格清新，恬淡闲适，其中“采菊东篱下，悠然见南山”已成千古传诵的名句。除诗歌外，陶渊明的散文作品也收入其中，《归去来兮辞》《桃花源记》等都是读之令人神往的作品。陶渊明的诗文对后世影响很大，王维的田园诗就是承袭陶诗而来的。目前比较通行的是逯钦立校注的《陶渊明集》。

《庾子山集》

《庾子山集》，诗文类别集，北周时期著名文人庾信撰，是南北朝时期文学的集大成者。庾信，字子山，南阳新野人。他的家族“七世举秀才”“五代有文集”，父亲也是大文人。庾信以写宫体诗著称，与徐陵齐名，世称“徐庾体”。诗歌代表作有《拟咏怀》二十七首，感慨身世，怀念故国。辞赋的代表作是《哀江南赋》，反映的是梁代兴衰的历史，也有个人家世的追溯，在后世影响较大。其他有名的抒情小赋还有《小园赋》《枯树赋》等。目前比较通行的是清代倪璠批注、今人许逸民点校的《庾子山集注》。

《李太白集》

《李太白集》，诗文类别集，唐代著名诗人李白撰。李白，字太白，号青莲居士，有“诗仙”之称，与杜甫合称“李杜”，是唐代伟大的浪漫主义诗人。其诗风格豪放，飘逸洒脱，语言流转自然，想象力丰富，音律和谐，是屈原以来浪漫主义诗歌的新高峰。该集除了少量碑铭文赋外，存诗作约一千多首。中华书局 1997 年和 1999 年分别出版了《李太白全集》。

《杜工部集》

《杜工部集》，诗文类别集，是我国古代伟大的现实主义诗人杜甫的诗文集。现存诗作一千四百余首，文章三十余篇。杜甫，字子美，自号少陵野老，曾经担任过检校工部员外郎。杜甫对中国古代诗歌影响非常大，后人称其为“诗圣”，其诗被称为“诗史”，和李白合称“李杜”。杜诗多直面社会政治问题，反映其爱国爱民的思想，例如《兵车行》《丽人行》等。从艺术成就来说，杜甫古体诗、近体诗都写，以近体诗成就最大，数量多，质量高，形式精工，是唐诗中的典范之作。后世多有学杜之人。目前比较好的版本有仇兆鳌的《杜诗详注》、杨伦的《杜诗镜铨》，选本有冯至的《杜甫诗选》、萧涤非的《杜甫诗选注》等。

《西昆酬唱集》

《西昆酬唱集》，总集，宋代杨亿、刘筠、钱惟演等十七人在编纂《册府元龟》之余，写诗唱和，得诗约二百五十首，编成此书。西方昆仑有群玉之山，书名即取此意。该本诗作多模仿李商隐体，音韵和谐，辞藻精丽但内容空虚。当时该集影响较大，被争相仿效，称为“西昆体”。目前比较通行的版本有王仲荦的《西昆酬唱集注》、郑再时的《西昆酬唱集笺注》等。

《文选》

《文选》，是我国古代最早的一部诗文总集，南朝梁昭明太子萧统选编，因此又称为《昭明文选》。它收录了自先秦至梁代诗文辞赋等七百余篇，作者一百三十五人。该书对后世文学影响极大。后世注《文选》者亦很多。唐高宗时期，有李善注。唐开元时期，吕延济、刘良、张铣、吕向、李周翰等五人为《文选》作注，被称为“五臣注”。到南宋，将李善注和五臣注合到一起，又被称为“六臣注”。目前通行的版本有南宋六臣注本和清代胡翻尤刻李善单注本。商务印书馆、中华书局、上海古籍出版社有影印本，岳麓书社出版了《文选》的简体排印本，普通读者可以参考。

《玉台新咏》

《玉台新咏》，总集，南朝陈徐陵编。该书选录了东周到梁代的诗歌七百六十九首，是继《诗经》《楚辞》之后的诗歌总集。其中所收诗歌多与男女情感、日常生活有关，对古代女子丰富的感情世界多有刻画。许多古代诗歌借此得到流传，著名长篇叙事诗《孔雀东南飞》就首见于此书。中华书局1985年出版了《玉台新咏笺注》，是目前最精详的校本。
《文心雕龙》，是我国古代的一部文学理论著作，南朝刘勰著。它是中国文学理论批评史上第一部“体大思精”的文学理论巨著。全书共五十篇，内容包括论述文章需要符合圣贤大道、梳理各种文体的源流、对流传的作家作品进行评价、讲述创作中存在的问题、批评鉴赏文章等。该书见解卓越，后代文学家、文艺理论工作者都十分重视。目前比较通行的有清代黄叔琳的《文心雕龙辑注》、周振甫的《文心雕龙今译》等。

图书在版编目（CIP）数据

中国秀. 经史子集 / 乔苏著. -- 太原 : 山西教育出版社, 2015.8
（中国秀系列 / 金萍主编）
ISBN 978-7-5440-7486-5
Ⅰ. ①中… Ⅱ. ①乔… Ⅲ. ①丛书—中国—现代②经籍—中国—古代 Ⅳ. ①Z121.7②Z126
中国版本图书馆CIP数据核字(2015)第294676号

经史子集
乔　苏　著

出 版 人　雷俊林
策 划 人　孙　轶
责任编辑　任小明
特约编辑　时　婧
装帧设计　小海馬·书装 HIPPOCAMPUS

出版发行　山西出版传媒集团・山西教育出版社
（太原市水西门街馒头巷7号　邮编　030002）
印　　装　山东临沂新华印刷物流集团有限责任公司
开　　本　787 × 960　1/32
印　　张　6.75
字　　数　110千字
版　　次　2015年8月第1版　2015年8月第1次印刷
书　　号　ISBN 978-7-5440-7486-5
定　　价　25.90元

如发现印装质量问题，影响阅读，请与印刷厂联系调换。电话：0539-2925680